L'ère victorienne

QUE SAIS-JE ?

L'ère victorienne

FRANÇOIS BÉDARIDA
Directeur de recherche au CNRS

Quatrième édition

26e mille

ISBN 2 13 043536 X

Dépôt légal — 1re édition : 1974
4e édition : 1993, décembre

108, boulevard Saint-Germain, 75006 Paris

INTRODUCTION

Asquith a observé un jour qu'en Angleterre seules les reines ont eu droit à donner leur nom à une période de l'histoire (1). C'est ainsi que l'on parle de l' « âge élisabéthain », de l' « âge de la reine Anne » et de l' « ère victorienne » (2). L'adjectif *victorien* est apparu pour la première fois dans la langue anglaise en 1851, l'année même de la triomphale Exposition universelle de Londres. Il semble avoir été forgé par un obscur publiciste, E. P. Hood, qui dans un ouvrage glorifiant les réussites du jour a consacré un chapitre à ce qu'il appelle le *Victorian Commonwealth*, c'est-à-dire la communauté des quelque vingt millions d'insulaires créateurs de tant de merveilles. A l'origine le mot *victorien* est donc associé à la célébration d'un règne béni et glorieux. Il faudra longtemps pour qu'il se défasse de cette note de triomphalisme. C'est chose faite au début du XXe siècle lorsque se produit un choc en retour, qui amène des attaques iconoclastes contre le « victorianisme » — le substantif prenant précisément naissance à cette date au milieu des controverses.

Toute étude du victorianisme soulève au préalable trois problèmes d'ensemble.

1. Les limites chronologiques de l'ère victorienne. — A première vue la question paraît simple, puisque

(1) H. H. Asquith, *Some Aspects of the Victorian Age*, 1918, p. 3.
(2) Les termes *jacobean* et *georgian* ne désignent en effet que des styles d'architecture et de mobilier.

la reine Victoria est montée sur le trône en 1837 et qu'elle est morte au début de 1901. Mais comme les années charnières dans l'histoire récente coïncident assez rarement avec les changements de souverain, d'autres dates ont pu à bon droit être proposées pour point de départ. Certains ont suggéré le *Great Reform Bill* dans la mesure où, bien davantage que l'avènement d'une nouvelle reine, la réforme électorale de 1832 a constitué un tournant politique, social et même intellectuel dans la vie du pays. Il serait tout aussi légitime de fixer le début du victorianisme, époque de grande expansion économique, à l'année 1830, date de l'ouverture de la première voie ferrée Manchester-Liverpool et début du *railway age*. Par contre on ne saurait identifier, comme on l'a fait parfois, l'ère victorienne avec l'ensemble du XIXe siècle : englober sous ce nom toute l'histoire de l'Angleterre de 1815 à 1914 est indiscutablement un abus de langage.

En effet, à l'autre extrémité de la période, même s'il est vrai que la grandeur de l'Angleterre libérale et impériale se poursuit jusqu'à 1914, des signes nombreux de mutation se manifestent au moment de la mort de Victoria et même déjà auparavant. La civilisation, les mœurs, les mentalités se transforment rapidement. Au cours de la seule année 1896 par exemple, on assiste au lancement du premier journal populaire à bon marché, le *Daily Mail*, à la première séance publique de cinéma, à l'ouverture des musées le dimanche, à l'abolition par le *Red Flag Act* de la réglementation qui limitait à 6 km à l'heure sur les routes la vitesse des véhicules à propulsion mécanique et les obligeait à être précédés d'un drapeau rouge : la circulation automobile est désormais possible. Inaugurée sous le signe des premiers chemins de fer, l'ère victorienne s'achève sous le signe des premières autos. (On remarquera que dans un cas il s'agit d'une invention entièrement britannique, alors que dans l'autre — la différence est significative — le nouveau mode de locomotion est le fruit des découvertes allemandes et françaises.) Sur le plan politique, un nouveau parti, d'un type insolite, le *Labour*, naît entre 1893 et 1900. A l'extérieur, la guerre des Boers (1899-1902), point culminant de l'impérialisme, met en même temps le point final aux conquêtes coloniales, cependant qu'en 1898 Guillaume II a lancé son fameux défi « Notre avenir est sur l'eau », menace directe pour la puissance britannique. Ainsi, au cours des dernières années du règne, la situation tend à se modifier radicalement. Et il ne faut pas voir une simple commodité arithmétique dans le fait que la fin du règne coïncide avec le changement de siècle. Les années autour de 1900 constituent un tournant aussi important que celui des années 1830-1837.

2. **La périodisation victorienne.** — Au lieu d'envisager le victorianisme comme un bloc, la tradition s'est instaurée de découper la période en trois tranches, chacune de ces phases ayant son originalité et ses caractères propres. La première, d'une quinzaine d'années, va des années 1830-1837 à 1850. Baptisée *early-Victorian*, elle correspond à la mise en place, encore agitée et tendue, du système. Mais déjà ce « premier » et « précoce » victorianisme se sépare de l'ère aristocratique qui avait prolongé jusque vers 1832 la « vieille et joyeuse Angleterre » du XVIIIe siècle ; désormais l'industrialisme, la discipline, la moralité s'installent, tandis que la classe moyenne renforce sa richesse et son influence.

Dans un second mouvement les conflits s'apaisent. C'est, entre 1850 et 1875 environ, la période centrale *(mid-Victorian)*, celle de l'épanouissement. On a appelé cette phase méridienne *(high noon)*, où la société bourgeoise au zénith brille de tout son éclat dans une atmosphère remplie d'optimisme, « l'âge de l'équilibre » *(age of equipoise)*. En effet une sorte de consensus s'établit autour des valeurs clefs de la civilisation victorienne.

Par contre, à partir de 1875-1880, se lèvent des vents qui parfois tournent à l'orage. Alors que la prépondérance britannique dans le monde est menacée et que les difficultés consécutives à la baisse des prix altèrent la belle confiance de naguère, on voit remettre en cause jusqu'aux certitudes « mid-victoriennes » les mieux établies. Il serait tout à fait excessif de parler de décadence, mais il est évident que ce victorianisme « tardif » *(late-Victorian)*, traversé d'inquiétudes, secoué d'aspirations inconnues jusque-là, introduit un cours nouveau dans une atmosphère de crise. On est amené ainsi à poser la question de l'homogénéité victorienne.

3. **Y a-t-il une unité victorienne ?** — Le problème est immense, car aux divisions horizontales — les tranches chronologiques *early-*, *mid-* et *late-Victorian* — se superposent des divisions verticales — les croyances, les systèmes de valeur et les forces sociales qui se sont opposés tout au long de la période en partageant l'Angleterre en camps divers et mouvants.

Pour juger de la confusion ainsi créée, il n'est que de se livrer à une brève analyse sémiologique du mot *victorien*. Pour les uns, admirateurs d'une période faste et glorieuse, l'adjectif évoque la *prospérité*, la *grandeur*, l'*énergie*, la *réussite* de l'Angleterre. En sens opposé les adversaires associent le terme à la *pruderie* (l'un des premiers à lancer l'offensive a été

Bernard Shaw dans *Pygmalion*), à l'*hypocrisie*, à la *laideur*, au *conformisme*. Entre les deux, des expressions comme la *piété victorienne* ou le *sérieux victorien* sont susceptibles d'appréciations soit laudatives soit défavorables selon les options personnelles de celui qui les formule.

D'autre part à travers toute l'ère victorienne n'ont cessé d'être en conflit deux systèmes de société et de culture : d'un côté l'Angleterre à prédominance aristocratique, celle de la vieille société rurale, de l'autre la nouvelle Angleterre urbaine et bourgeoise, cependant que dans les milieux populaires, malgré la pénétration des valeurs des classes dirigeantes, ont continué de surnager des codes, des habitudes mentales, des attitudes autochtones. Il y a ainsi deux sources distinctes de pouvoir et de richesse et trois formes de culture en rivalité les unes avec les autres. Il faudrait de plus tenir compte des variations régionales anglaises et de l'évolution propre des deux autres nations britanniques, la galloise et l'écossaise — sans même parler de l'Irlande qui constitue un monde à part.

Aussi doit-on reconnaître avec Asa Briggs que l'usage du mot *victorien* est souvent bien vague et recouvre des réalités fort hétérogènes réunies simplement par le hasard trompeur du vocabulaire. Mais s'il n'y a point une Angleterre victorienne unique, la phase centrale de l'ère victorienne a comporté une réelle unité. Un équilibre effectif s'est réalisé grâce à la combinaison momentanée et réussie de cinq facteurs : la prospérité économique, le sentiment de la sécurité de la nation, la foi dans les institutions, la croyance en un code moral commun, le libéralisme politique (1).

(1) Cf. A. Briggs, *Victorian People*, 1954, p. 12-13 et 16-17.

PREMIÈRE PARTIE

LE VICTORIANISME TRIOMPHANT
(DES ENVIRONS DE 1837 AUX ENVIRONS DE 1875)

CHAPITRE PREMIER

LES FONDEMENTS STABLES

I. — « L'atelier du monde »

Le premier atout dont dispose l'Angleterre victorienne, c'est son avance technique et économique. Après avoir montré la voie au temps de la révolution industrielle, la Grande-Bretagne affirme avec éclat sa primauté. Le dynamisme de la nation, la maîtrise du progrès économique, les succès de l'esprit d'entreprise non seulement confèrent aux Britanniques une prééminence incontestée, mais ils leur donnent une confiance en eux-mêmes vite transformée en sentiment de supériorité insulaire. Au cours de sa visite outre-Manche en 1845, l'économiste Léon Faucher constate étonné : « L'Anglais croirait volontiers qu'excepté le peuple britannique, qui lui paraît être arrivé à l'âge d'homme, tous les autres peuples sont des peuples enfants » (1). Orgueil engendré certes par un patriotisme jaloux, ainsi que par la certitude bien ancrée d'appartenir à une race prédestinée,

(1) L. FAUCHER, *Etudes sur l'Angleterre*, 1845, t. I, p. 8.

mais probablement dû plus encore à l'éclatante réussite industrielle, commerciale, financière, technique et politique du pays.

De cette prééminence l'Exposition universelle — la première du genre — tenue à Londres en 1851 donne la démonstration sous la forme d'un festival grandiose à la gloire de la technique et de la science, des arts et des industries britanniques. Au milieu du vaste concours international glorifiant la compétition pacifique entre les peuples, la mission assignée aux Anglais par la Providence apparaît clairement tracée : il s'agit par l'exemple de guider les nations sur la voie de l'avenir. Comme le déclare le catalogue officiel de l'Exposition, « le progrès de la race humaine, résultat du labeur commun de tous les hommes, doit constituer l'objectif ultime des efforts de chacun. En contribuant à une telle entreprise, nous accomplissons la volonté du Dieu tout-puissant et béni ».

A cette date l'économie britannique est entrée dans la phase de la maturité. L' « atelier du monde » (c'est le titre que l'Angleterre s'est acquis : *workshop of the world*) tourne à plein rendement. Sous la pression des intérêts des industriels et des négociants, et avec l'appui des théoriciens de l'école classique, les barrières au laissez-faire cèdent une à une. Le libre-échange est introduit en 1846. La législation multiplie les facilités pour les sociétés par actions (lois de 1837, 1844, 1856, 1862). Trouvant la voie libre devant lui, le capitalisme peut se déployer avec une vigueur inégalée, dans un climat de concurrence impitoyable. Le type d'entrepreneur que l'on rencontre alors à la tête des affaires est un homme souvent parti de peu, sinon de rien. Dur envers les autres comme envers lui-même, âpre au gain, c'est un manufacturier au labeur acharné, audacieux et volontaire.

Depuis les années 1830, l'époque du coton-roi a pris fin. Ce sont les chemins de fer qui maintenant tiennent le rôle de pilotes de l'industrialisation. Nés de l'union de la vapeur et du rail, ils trouvent dans l'alliance anglaise entre la mine et la forge une chance exceptionnelle. C'est le triomphe du « bloc de houille et de fer ». Aussi a-t-on fait d'eux le symbole même du premier victorianisme. La construction du réseau, activée par les deux *railway booms* de 1834-1837 et de 1844-1847, progresse avec une rapidité extrême. Alors qu'en 1830 la longueur totale des voies était à peine de 100 milles, le réseau atteint 1 500 milles en 1840, 6 000 milles en 1850, 15 000 milles en 1875. La première ligne en exploitation régulière a été le fameux *Liverpool and Manchester Railway*. En 1836 le chemin de fer atteint Londres où est édifiée une première ligne de banlieue en direction de Greenwich. Dès 1838 la capitale est reliée à Birmingham ; en 1840 elle l'est à Southampton, en 1844 à Douvres. Vers 1850 on peut atteindre de Londres le pays de Galles et l'Ecosse par le rail. Les Anglais ne se contentent pas de construire des chemins de fer chez eux. On fait appel à eux pour en bâtir à travers toute l'Europe de la France à la Russie, aussi bien que dans les pays neufs. C'est le triomphe de la technique britannique, des ingénieurs britanniques, des dessinateurs britanniques, des capitaux britanniques, des entrepreneurs britanniques utilisant des machines et parfois même des ouvriers britanniques.

Avec l'essor des chemins de fer, il n'y a pas seulement un extraordinaire coup de fouet donné aux autres secteurs de l'économie : un nouveau mode de vie et de relations humaines s'établit. Le temps des diligences s'efface devant l'avènement de la locomotive. L'ère de la vitesse commence. La vieille Angleterre des routes, des relais de poste, des auberges de campagne entre dans la voie de l'assoupissement. Les gares, nouveaux centres d'activité vibrant de bruit et de mouvement, accaparent le prestige à leur profit.

Deux tableaux témoignent de la place conquise en quelques années par le chemin de fer : l'un par Turner, intitulé *Pluie, vapeur et vitesse*, montre dans un paysage d'orage irradié de lumière et de fumée une locomotive lancée à toute vapeur gagnant largement de vitesse un lièvre courant à fond de train devant elle ; l'autre par Frith, *La gare*, représente sous les voûtes de Paddington Station à Londres le nouveau paysage industriel tout grouillant de l'agitation des voyageurs sur le quai. Ainsi, les premiers dans le monde, les Anglais ont été façonnés par l'empreinte de la civilisation ferroviaire.

A partir de 1850 et pour un quart de siècle, l'Angleterre traverse une phase de prospérité sans précédent. Cette « prospérité victorienne », comme on l'a baptisée, laissera le souvenir d'une époque bénie. L'économie du pays se trouve alors stimulée par une double conjoncture favorable : d'une part la hausse de longue durée des prix mondiaux, qui dure de 1851 à 1873 ; d'autre part les effets du libre-échange, entré en vigueur en 1846 à la suite de l'abrogation des *corn laws*. De cet enrichissement rapide la croissance du revenu national témoigne éloquemment : alors que la progression de 1801 à 1831 n'avait été que de 232 millions à 340 millions de livres, le revenu national est parvenu en 1851 au chiffre de 523 millions de livres. Entre 1851 et 1873 il fait plus que doubler, atteignant à cette dernière date près de 1 100 millions de livres. De son côté la production industrielle triple de l'avènement de Victoria à 1873. Les Anglais tiennent de loin le premier rang pour la filature et le tissage du coton et de la laine, pour la métallurgie lourde et les machines-outils, pour le matériel de chemin de fer et la construction navale. En 1870, la Grande-Bretagne produit près des deux tiers du charbon mondial, plus de la moitié de la fonte mondiale et son commerce extérieur dépasse celui de la France, de l'Allemagne et de l'Italie réunies. La marine marchande britannique sillonne toutes les mèrs et c'est sous pavillon britannique que s'effectue une grande partie des échanges des autres pays : avec ses 5 700 000 tonnes en 1871 (contre 2 300 000 tonnes en 1837) la flotte elle aussi vient de loin en tête dans le monde.

Pôle privilégié de développement, l'Angleterre possède ainsi tous les avantages d'une économie dominante. Elle retire tous les bénéfices de la division internationale du travail, puisque la concurrence favorise les forts et que les termes de l'échange lui sont favorables. L'inégalité de développement lui permet aisément de prospérer aux dépens des pays sous-développés, c'est-à-dire de la plus grande partie de la planète, de l'Europe méridionale et orientale à l'Amérique du Sud, de l'Asie antérieure à l'Extrême-Orient. De là l'orgueilleux sentiment pour le capitalisme britannique d'avoir le monde entier à son service. En 1866 l'économiste libéral Jevons pouvait célébrer les vertus de ce système dans lequel les richesses de tous les autres pays concourent à l'enrichissement de la nation la plus riche :

« Actuellement les cinq parties du monde sont nos tributaires volontaires... Les plaines de l'Amérique du Nord et de Russie, voilà nos champs de blé ; Chicago, Odessa sont nos greniers ; le Canada, les pays baltiques nos forêts. L'Australasie contient nos stations de moutons, l'Amérique du Sud nos troupeaux de bœufs ; le Pérou nous expédie son argent, la Californie et l'Australie leur or. Les Chinois cultivent du thé pour nous, et des Indes occidentales et orientales affluent notre café, notre sucre, nos épices. La France et l'Espagne sont nos vignobles, la Méditerranée notre verger ; notre coton, que nous tirions auparavant des Etats-Unis nous vient maintenant de toutes les régions chaudes du monde » (1).

(1) S. Jevons, *The Coal Question*, 2e éd., 1866, pp. 330-331.

Tel est le brillant résultat auquel aboutit la maîtrise britannique du capital, des techniques, des méthodes commerciales. Les « noires fabriques du démon » *(dark Satanic mills)*, qui provoquaient jadis les imprécations de Blake, expédient désormais leurs produits aux extrémités de la terre, assurant le succès de l'étiquette *Made in England*, ébranlant les archaïques économies locales, ouvrant la voie au triomphe de la marchandise. Qu'elles symbolisent le « démon » du gain ou qu'elles traduisent les efforts héroïques de « Prométhée déchaîné », elles garantissent à l'Angleterre une suprématie sans partage. Aux alentours de 1860 si l'on compare la richesse britannique à celle des pays les plus avancés, on mesure vite l'écart : alors que le revenu moyen par tête est de £ 13 en Allemagne et de £ 21 en France, il atteint £ 33 dans le Royaume-Uni.

Plus que d'autres ce sont les réalisations du capitalisme anglais qu'exalte Marx lorsqu'il écrit dans le *Manifeste communiste* : « la bourgeoisie... a, comme on ne l'avait jamais fait avant elle, montré ce dont est capable l'activité humaine. Elle a créé de tout autres merveilles que les pyramides d'Egypte, les aqueducs romains et les cathédrales gothiques ». Ces nouvelles merveilles de l'âge industriel, c'est la grande toile d'araignée du réseau des chemins de fer, ce sont les docks de Londres et les fours Bessemer de Sheffield, c'est le télégraphe électrique aussi rapide que l'éclair (le premier câble sous-marin est posé entre Douvres et Calais en 1850, le premier câble transatlantique en 1866). Et les monuments qui témoignent de la puissance, de la créativité, du génie de l'*homo britannicus* s'appellent : le Palais de Cristal, remarquable alliance entre la main de l'homme (le verre et le fer) et la nature (les arbres) ; l'étonnant *Britannia Bridge*, construit par Robert Stephenson pour relier l'île d'Anglesey au pays de Galles, avec un décor de fortification romaine revêtant une carcasse tubulaire ; l'hôtel de ville de Leeds, majestueuse composition classique, affirmant la maîtrise et la richesse d'un grand centre de l'industrie ; ou encore à la fin du siècle les puissantes structures métalliques du Firth of Forth Bridge capable d'affronter les tempêtes de la mer du Nord.

II. — Un modèle constitutionnel

Dans le domaine des institutions et de la vie politique la réussite britannique apparaît au moins aussi éclatante que sur le plan économique. D'où chez les Anglais un sentiment de fierté légitime : par leur pratique constitutionnelle n'ont-ils pas découvert le secret de l'alliance entre la stabilité et le progrès ? N'ont-ils pas su réaliser le mariage harmonieux de la liberté et de l'autorité, alors que dans tant d'autres pays les deux partenaires tendent sans cesse à divorcer ?

En effet la Constitution anglaise n'est pas seulement un élément fondamental de la vie publique de la nation : élément qui permet le fonctionnement sans heurt du gouvernement puisqu'elle est suffisamment ferme pour donner un cadre stable aux institutions, suffisamment souple pour s'adapter au changement. Elle sert en même temps d'exemple aux libéraux du monde entier. C'est vers cet idéal que l'on tourne les regards lorsque l'on est en quête d'un modèle : celui de la monarchie constitutionnelle, de l'équilibre des pouvoirs, de la permanence des institutions, du respect des libertés individuelles. Guizot et Thiers voudraient passionnément en tirer les leçons pour les appliquer à la France (1). Parmi les Européens, Belges, Allemands, Italiens, Hongrois, Scandinaves cherchent à s'en inspirer. Jusque du Japon on vient étudier les mécanismes de cette merveille d'harmonie. A chaque crise la Constitution

(1) A l'inverse TAINE met en garde contre la tentation d'imiter de manière mécanique et maladroite les institutions anglaises (*Notes sur l'Angleterre*, p. 216-223). Sur un mode satirique, DICKENS a placé dans *Notre ami commun* une conversation célèbre entre Mr. Podsnap et un visiteur français. Le premier vante au second avec autant de platitude que de condescendance les beautés providentielles de la Constitution britannique (liv. I, chap. XI).

semble sortir renforcée. Le trône contemple impavide et inébranlable les bouleversements qui secouent l'Europe. En 1897, lors du « Jubilé de Diamant » célébrant les 60 ans de règne de Victoria, le prédicateur au cours du service à Westminster se plaît à consacrer une partie des trois quarts d'heure de son sermon à simplement énumérer en détail les souverains et chefs de gouvernement qui au cours de la même période ont perdu de manière brutale le pouvoir ou la vie (et parfois les deux), tandis que Sa Gracieuse Majesté continue de régner paisiblement sur ses sujets fidèles et reconnaissants.

Si l'Angleterre bénéficie d'un pareil prestige par son régime politique, c'est aussi qu'elle trône dans le chœur des nations comme le pays par excellence de la liberté. Liberté d'opinion, droits individuels, *Habeas Corpus*, égalité religieuse, libertés politiques, liberté du commerce, les Britanniques ont pris l'habitude de voir dans le mot *freedom* bien davantage qu'une vertu nationale : une sorte de monopole insulaire. Et Stuart Mill dans son ouvrage sur *Le gouvernement représentatif* soutient que la Constitution anglaise et le parlementarisme ne peuvent fonctionner correctement que dans une société libre comme l'est la société britannique. Une telle infrastructure est la condition indispensable de l'harmonie du système. Les mœurs doivent aller de pair avec les institutions. Par là s'explique la réticence évidente des Anglais à l'idée d'exporter leurs solutions constitutionnelles, sauf dans les territoires sous leur domination, car ils ont la conviction qu'on ne saurait les transplanter impunément.

D'ailleurs par rapport aux régimes de la plupart des Etats européens au XIXe siècle, ils n'ont guère de peine à démontrer la supériorité du libéralisme en vigueur chez eux. Le contraste est par trop éclatant entre les monarchies absolutistes et réactionnaires appuyées sur l'armée et la police et la monarchie constitutionnelle britannique qui laisse à chacun de ses sujets le droit de penser, d'écrire, de circuler à sa guise sans l'ombre d'un contrôle, sans même avoir besoin de papiers ni de passeport. Il n'y a qu'un pays — les Etats-Unis — qui pourrait rivaliser avec la liberté anglaise, mais il faut pour cela traverser l'Atlantique. En Europe, jusque vers 1875, c'est-à-dire jusqu'à l'installation effective de la IIIe République, il n'existe nul émule possible. C'est seulement lorsque la démocratie triomphe à Paris que Westminster cesse d'apparaître comme un modèle unique, puisque désormais la France offre l'exemple d'un régime à la fois parlementaire et démocratique. Toutefois, du point de vue de la stabilité, l'Angleterre demeure imbattable.

Cinq traits majeurs caractérisent le système politique britannique tel qu'il s'est développé au XIXe siècle. D'abord l'épanouissement du régime parlementaire, et à l'intérieur du Parlement le poids croissant de la Chambre des Communes. L'historien G. M. Young a pu dire que dans la diversité d'opinions des Victoriens deux croyances seulement faisaient l'unanimité : l'attachement à la famille et la foi dans le système représentatif (1). Les années 1832-1867 marquent en effet l'âge d'or du parlementarisme. Ce n'est pas simplement que le principe du pouvoir réside dans la représentation élue, c'est que l'essentiel de la vie politique se déroule à la Chambre des Communes, centre des discours, des manœuvres et des décisions. D'autant plus que la Chambre des Lords, des lendemains de la réforme électorale de 1832 aux discussions de 1884 sur l'extension du

(1) G. M. Young, *Portrait of an Age*, 2e éd., 1953, p. 150.

droit de suffrage, ne manifeste nulle velléité de faire obstacle à la volonté exprimée des Communes. Seconde caractéristique : le gouvernement depuis le XVIIIe siècle est un gouvernement de cabinet, avec à la tête de l'équipe ministérielle le Premier Ministre. Certains comme Bagehot, l'influent directeur de l'*Economist* et l'auteur d'un traité classique sur *La Constitution anglaise* (1867), voudraient même selon la tradition *whig* voir renforcer le rôle du cabinet, pièce maîtresse à leurs yeux du système. En troisième lieu, l'opposition est devenue une force organisée chargée d'un double rôle de critique et d'alternative. Le terme d' « Opposition de Sa Majesté » a été inventé en 1826 par le député radical Hobhouse, mais déjà la fonction de leader de l'opposition avait été tenue par le *whig* Tierney de 1817 à 1821 : c'est lui à qui on prête le bon mot sur les devoirs de l'opposition — s'opposer à tout, ne proposer rien. En réalité à partir de 1832 Peel fait prévaloir une conception « positive » de l'opposition : celle-ci, au lieu d'attaquer le gouvernement à tort et à travers et à tout propos, doit manifester son sens des responsabilités et contribuer à sa manière à la bonne marche des institutions. Dans les années 1870 à l'occasion de réunions informelles autour du *leader* commence à entrer dans la pratique ce qu'on appellera plus tard le « gouvernement fantôme » *(Shadow Cabinet)*. Le quatrième trait de l'évolution constitutionnelle, c'est le développement du rôle des partis : « l'opinion organisée », selon l'heureuse formule de Disraëli. Le *party system*, débouchant sur le bipartisme, se structure considérablement après 1832 et plus encore dans les années 1870 (1).

Enfin le dernier rouage de la Constitution, qui en

(1) Voir chap. IV, p. 74-77.

est aussi la clef de voûte, c'est la monarchie. Sans doute la Couronne a-t-elle vu ses pouvoirs amoindris au fur et à mesure que croissait le rôle du Parlement et du cabinet et que diminuait le patronage royal (à l'avènement de Victoria la distribution des sinécures et des places est réduite à peu de chose). Selon la tradition *whig* qui a prévalu, le souverain est considéré moins comme le maître que comme le premier serviteur du pays. Néanmoins les prérogatives de la royauté, même lorsque sont respectées scrupuleusement les règles de la monarchie constitutionnelle, sont loin d'être négligeables, et Victoria a toujours tenu à les exercer dans leur intégralité. Choix du Premier et des ministres, nominations ecclésiastiques, recrutement du personnel de la Cour, de l'armée, de la marine, décisions de politique étrangère, grandes affaires de la vie intérieure, il n'est pas un seul de ces domaines où Victoria n'intervienne jusque dans la minutie du détail. Toutes les dépêches diplomatiques sont communiquées à la reine et annotées par elle. Elle entretient une correspondance continue avec le chef du gouvernement. A cet égard Victoria applique à la lettre ce que Bagehot, dans son interprétation plutôt restrictive des pouvoirs monarchiques, appelait les trois droits du souverain constitutionnel : le droit d'être consulté, le droit d'encourager, le droit de mettre en garde.

Mais avec beaucoup de finesse Bagehot a dégagé les deux fonctions primordiales de la royauté dans une ère libérale et semi-démocratique. La première, et selon lui la plus importante, c'est la fonction symbolique, qu'on pourrait appeler aussi sentimentale et même mystique. C'est de là que naît l'adhésion massive des sujets. Il s'agit avec toute la dignité voulue *(dignified parts)* d'incarner la nation. De ce point de vue la reine est à la fois chef de l'Etat et chef de la société (en tant que première dame de la Cour), modèle de vie familiale et guide moral du pays. On peut dire de la Couronne : « Le mystère est sa vie propre. Sa magie doit rester protégée par la pénombre. » Ainsi s'explique la vertu charismatique de la souveraine, source de son véritable pouvoir sur les masses. Voilà pourquoi, comme Bagehot le note avec humour (on est en 1867), « les actes d'une veuve retirée [Victoria] et d'un jeune homme sans travail [le prince de Galles] revêtent une telle importance ». Le second rôle de la royauté anglaise, c'est son rôle fonctionnel, politique, pratique *(efficient parts)* puisque, rouage essentiel de la vie constitutionnelle, elle a une mission irremplaçable dans la marche de l'Etat (1).

Précisément le mérite politique de Victoria a consisté à remplir remarquablement ces deux fonctions et par là à rendre à la monarchie britannique un inappréciable service : d'abord en la relevant du discrédit où elle était tombée avant 1837, ensuite et surtout en suscitant un attachement étonnant parmi tous les sujets et en plaçant la famille royale comme un modèle sur un piédestal (où elle a su se maintenir jusqu'à aujourd'hui).

Il est vrai que Victoria n'a pas eu grande difficulté à faire contraste, tant par sa vie privée que par sa conduite des affaires, avec des prédécesseurs royaux dont la réputation était au plus bas : après Georges III, sombré dans la folie, Georges IV, roi de 1820 à 1830, avait été un réactionnaire fieffé, paresseux et impopulaire, tout à ses plaisirs dont les scandales avaient défrayé la chronique ; puis Guillaume IV de 1830 à 1837 s'était montré un personnage fantasque et buté, dont la vulgarité et l'absence de prestige désolaient les plus fidèles soutiens de la monarchie.

Aussi lorsque Victoria monte à dix-huit ans sur le trône

(1) W. Bagehot, *The English Constitution* (1867), Fontana édit., 1963, p. 61, 82 et 100.,

en 1837, la situation est fort délicate pour elle. Bien que la jeune reine soit sans expérience politique, médiocrement intelligente et peu cultivée, elle s'impose immédiatement par sa dignité personnelle, sa volonté très ferme, son sens des responsabilités. Dès son avènement, son oncle Léopold de Belgique l'a prévenue : « De nos jours le métier de souveraine constitutionnelle est un métier très difficile. » Néanmoins, après un ou deux faux pas, Victoria trouve le juste équilibre. Sa popularité va en se développant rapidement. Bientôt la reine conduit avec sûreté sa barque au milieu des écueils.

A partir de 1840 elle a la chance de trouver dans son mari, Albert de Saxe-Cobourg, qu'elle adore, un partenaire bien fait pour consolider la nouvelle image de la royauté. Le prince consort, cultivé, sérieux, persévérant, réussit, en dépit d'une certaine raideur germanique et de la froideur qu'on lui reproche souvent, à conseiller la reine avec habileté. Il lui arrive parfois de se plaindre de sa situation de second plan, car Victoria garde jalousement pour elle tous les devoirs de la souveraineté (« je ne suis ici que le mari, et non le maître de maison »), mais Albert s'intéresse à deux domaines, la science et la morale, sorte de *hobbies* qui s'avèrent fort profitables à la monarchie. En accord avec une époque éprise de discipline et de vertu, le primat de la moralité est hautement affirmé. Le couple royal donne l'exemple d'une vie irréprochable. L'influence de Victoria s'exercera durant tout son règne dans le sens du puritanisme le plus strict (« *we are not amused* », coupe-t-elle d'un ton sec, si quelqu'un d'aventure commence à enfreindre les règles de la bienséance). L'autre *hobby* du prince consort, c'est le développement scientifique et technique : Albert se passionne pour l'expansion de l'industrie et c'est lui qui a l'idée de l'Exposition universelle de 1851, dont le succès constitue un véritable triomphe personnel.

La Cour a dû adopter bon gré mal gré le nouveau style rigoriste, voire compassé qu'impose l'évangélisme moralisateur de Victoria. A la place du laisser-aller hérité de la Régence, la tenue et la vertu (au moins extérieures) sont devenues des règles impératives. Le premier ministre Melbourne, représentant de la vieille aristocratie libertine, a beau grommeler « cette damnée moralité nous perdra tous », il faut suivre l'exemple venu d'en haut. Tranchant avec le décorum bourgeois de la cour de Louis-Philippe et avec le luxe vulgaire de parvenu des Tuileries au temps de Napoléon III, la cour d'Angleterre, qu'elle se tienne au palais de Buckingham ou à Windsor (les deux résidences officielles de la royauté, en dehors des châteaux privés de Balmoral en Ecosse et d'Osborne dans l'île de Wight), adopte pour des années un ton de dignité guindée, au demeurant assez ennuyeux, dont l'austérité se renforce après la mort prématurée du prince Albert en 1861. Victoria s'enferme alors dans le veuvage : pendant plusieurs années sa popularité est même en baisse. Concurremment une petite vague de républicanisme gagne du terrain aux alentours de 1870 parmi les ouvriers et chez quelques intellectuels, mais cette mode ne dure point. Du reste, le prestige de la royauté remonte On peut le mesurer en 1871 lorsque la reine tombe gravement malade, suivie bientôt par le prince de Galles : les deux événements suscitent une intense émotion qui se traduit par des milliers de témoignages de sympathie dans le pays.

L'Angleterre demeure donc une nation solidement dévouée à la monarchie. C'est là qu'apparaît le génie politique de Victoria qui a consisté, en un âge éminemment bourgeois, à accorder la personnalité, les principes et les goûts de la plus haute représentante de l'aristocratie héréditaire aux aspirations et aux valeurs de la classe moyenne. Dans ces conditions, son étroitesse d'esprit, ses préjugés, son évolution de plus en plus marquée vers un torysme têtu et borné, au lieu d'être une source de faiblesse, font de la reine une parfaite représentante de l'opinion bourgeoise. Ainsi en la personne de Victoria le prestige antique et sacré de la personne royale a fait alliance avec la participation à la mentalité dominante. En outre, à une époque de nationalisme aigu, la reine a su incarner majestueusement l'orgueil national. Son patriotisme chatouilleux s'accorde aussi bien avec celui de Palmerston — personnage qu'elle détestait — qu'avec celui de Disraëli pour qui elle éprouve une affection admirative. Comme l'a écrit un de ses proches, « consciente d'être le numéro un en Angleterre et consciente que l'Angleterre était le numéro un parmi les nations, elle a réussi à communiquer ce sentiment à tous ceux qui l'on approchée » (1).

III. — La « Pax Britannica »

L'Angleterre a connu de 1815 à 1914 un long temps de paix dont l'ère victorienne occupe la plus grande partie. Cette période pacifique a constitué pour elle un atout considérable — unique même en comparaison des autres nations — dont le pays a su tirer un énorme profit. Si l'on établit en effet le bilan des interventions armées de la Grande-Bretagne, une seule guerre européenne y figure : la guerre de Crimée de 1854 à 1856, et encore s'agit-il d'un conflit court, localisé, périphérique, où le petit corps expéditionnaire britannique a joué surtout un rôle d'appoint par rapport à l'allié français. Le reste, ce sont des guerres coloniales, et celles-ci certes n'ont point manqué. Entre 1830 et 1880 on compte deux guerres contre l'Afghanistan, une contre la Birmanie, deux contre la Chine, une contre le Transvaal, des expéditions contre les Maoris, les Sikhs, les Ashantis, etc. Mais aucun de ces conflits n'a engagé les ressources vitales du pays. Chacun est resté au niveau de l'engagement pontuel et limité. Et à chaque fois, même s'il est arrivé à l'Angleterre de subir des revers, l'issue ne faisait point de doute, tant était grande l'inégalité entre les adversaires.

(1) E. G. Collieu, *Queen Victoria*, 1965, p. 56.

Cependant, lorsque l'on emploie l'expression *Pax Britannica*, on doit y voir beaucoup plus qu'une simple ère pacifique au cours de laquelle la Grande-Bretagne aurait eu le privilège d'échapper aux destructions, aux dépenses et aux gaspillages découlant de grands conflits armés. Par-delà un état de paix propice à un développement continu de la richesse nationale, le terme implique une situation dominante dans le rapport des forces à l'échelle mondiale. Domination exercée de deux manières : objectivement par une hégémonie commerciale, navale et impériale qui aboutit sur le plan diplomatique à un rôle d'arbitre définissant et interprétant à sa convenance les règles du jeu ; subjectivement par un sentiment de puissance sans limite et une orgueilleuse confiance en soi tournant souvent au nationalisme arrogant. Il s'agit donc de bien autre chose que de faire respecter en toute circonstance le nom d'Albion. Une telle attitude fait de la Grande-Bretagne une sorte de régisseur de l'équilibre international, prêt à intervenir chaque fois que c'est nécessaire pour défendre ses intérêts, son influence ou son prestige.

Un nom résume ce comportement fier, impérieux, voire cassant : celui de Palmerston, chef du *Foreign Office* de 1830 à 1841 et de 1846 à 1851 et Premier Ministre de façon presque continue de 1855 à 1865. Patricien viveur aux inclinations libérales et au patriotisme jaloux, aristocrate notoire pour sa passion des chevaux et son dédain des étrangers (c'est à lui qu'on attribue la formule « Dieu a commis une grosse erreur le jour où il a créé les étrangers »), Palmerston a mené avec persévérance une politique au ressort unique — faire toujours prévaloir les intérêts britanniques à travers le monde — en utilisant tour à tour la négociation et la force, la souplesse et les menaces et en accompagnant ces procédés d'un style d'insolence rugueuse qui l'a fait surnommer par allitération « Lord Pumicestone », c'est-à-dire « Lord Pierre Ponce ».

Son action à la tête des affaires coïncide à peu près avec la *Pax Britannica*. Celle-ci, inaugurée par

Castlereagh après 1815 et sérieusement ébranlée à partir des victoires bismarckiennes de 1866-1871, a connu son apogée dans la période du mid-victorianisme. Elle repose sur quatre piliers : la maîtrise des mers, la diplomatie de la présence et du non-engagement, l' « empire du commerce » et l'extension de l'empire colonial.

A la base du système il y a tout d'abord l'écrasante supériorité navale dont dispose la Grande-Bretagne. Non contente de dominer les mers, la puissance britannique contrôle tous les grands axes stratégiques : Gibraltar, Malte, les îles Ioniennes et, à la fin de la période, Chypre et Suez, en Méditerranée ; Le Cap, Aden, Ceylan, Singapour sur les routes menant de l'Atlantique au Pacifique. Mais elle règne aussi dans les Caraïbes, la mer de Chine, l'Atlantique Nord ; et d'Heligoland elle surveille les bouches de l'Elbe et le trafic vers la Baltique. Toynbee a souligné en une formule frappante cette volonté persistante de maîtriser les voies maritimes, seul moyen de contact possible entre les autres pays et le monde extérieur : l'Angleterre, a-t-il dit, a réussi à « enclore en un corral avec un accès unique tous les loups qui jusque-là infestaient ses pâturages ». En ce sens la *Royal Navy*, condition première de la liberté d'action diplomatique de la Grande-Bretagne, est l'auxiliaire directe du *Foreign Office*. Alors que l'armée demeure négligée, peu nombreuse, mal équipée et médiocrement commandée, la marine bénéficie des soins les plus attentifs. La mission qui lui incombe est double : d'une part, c'est une force effective surclassant tout adversaire européen éventuel (la marine française et la marine russe viennent loin derrière) ; d'autre part, c'est un instrument de dissuasion capable de faire pression à tout moment sur n'importe quel pays en n'importe quel point du globe. Dès que la diplomatie britannique a besoin de faire entendre sa voix, la flotte est là, omniprésente, prête aux démonstrations nécessaires, et elle ne se prive point d'intervenir, que ce soit dans les eaux argentines, tunisiennes ou chinoises. C'est cette tactique d'intimidation qui a reçu le nom de « diplomatie de la canonnière » *(gunboat diplomacy)*. Par là les officiers de la *Royal Navy* se transforment en *policemen* du globe.

La politique étrangère elle-même se définit par trois impératifs : maintenir l'équilibre sur le continent européen sans permettre aux deux puissances les plus menaçantes — à l'est la Russie, à l'ouest la France — de s'arroger un rôle privilégié ; intervenir constamment et prudemment dans les affaires internationales pour prévenir ou corriger tout risque de déséquilibre et protéger les clientèles méditerranéennes ou nordiques de l'Angleterre ; enfin ne jamais se lier par un engagement durable *(non-commitment)*. Bref il s'agit, en reprenant l'orgueilleuse formule de Henri VIII « Qui je défends est maître », de compenser toute poussée et tout déplacement d'influence par un contrepoids équivalent. Comme par ailleurs l'Angleterre grâce à sa position insulaire se trouve hors de portée de tout adversaire terrestre, elle est en position de force pour faire respecter sa politique, depuis la Belgique (ainsi en 1830-1832) jusqu'à l'Empire ottoman (au cours des crises de 1839-1841, 1853-1856 et 1875-1878).

Troisième pilier de la *Pax Britannica*, l' « empire du commerce » *(empire of trade)* est basé sur une tradition ancienne : la priorité aux intérêts du négoce (« la politique britannique, c'est le commerce britannique », disait Pitt). Cette doctrine est renforcée par le principe de la « porte ouverte » *(open door)* et depuis 1846 par l'introduction du libre-échange. De la sorte l'Angleterre exerce un semi-protectorat économico-politique sur une bonne partie du monde : l'Amérique latine à peine décolonisée est entrée dans l'orbite anglaise ; l'Empire turc, la Chine sont autant de zones où prédominent les intérêts anglais. Déjà au XVIIIe siècle, lors des négociations sur l'indépendance des colonies américaines, Shelburne proclamait : « Nous préférons le commerce aux possessions. » Cette règle se généralise grâce à l'hégémonie insulaire, appuyée sur le réseau des investissements, de la technique et des cadres britanniques autant que sur l'influence politique et les échanges commerciaux proprement dits.

Par contre, dans d'autres régions du monde, la prépondérance ne se limite pas à cet « empire du commerce » aux contours indéfinis. Elle prend la forme de l'empire tout court, c'est-à-dire de la souveraineté politique. Celle-ci, liée bien entendu aux intérêts commerciaux, s'accompagne souvent d'autres moyens d'influence par le canal des migrations et de la culture (l'exportation de la langue, des idées, des méthodes d'enseignement britanniques). On a sans aucun doute beaucoup exagéré l'anticolonialisme mid-victorien. Seuls de petits groupes de libéraux en sont arrivés à voir dans les colonies un superflu. Et leurs conseils n'ont point été suivis au niveau du gouvernement. C'est ainsi qu'au cours de la seule décennie 1840-1850 sont annexés à l'empire la Nouvelle-Zélande, le Natal, le Pendjab, le Sindh, Hong-Kong. Au cours de la décennie suivante, si le rythme d'acquisition se ralentit, la « grande mutinerie » de l'Inde est brutalement réprimée, car l'Inde continue d'être considérée, non sans raison, comme le joyau de l'empire colonial. En fait l'attitude fondamentale consiste à allier deux politiques : d'un côté, faire prévaloir les intérêts du commerce britannique dans le plus grand nombre de pays possible en exerçant une pression politique indirecte et en n'ayant à assumer ni les obligations ni les dépenses de la souveraineté (c'est par exemple le cas de l'Argentine ou du Pérou) ; d'un autre côté, partout où c'est plus avantageux ou bien là où les événements l'ont rendu inévitable, substituer la domination directe au protectorat indirect : ce sont alors les colonies. L'Angleterre victorienne unit donc deux impérialismes qui s'entremêlent sans cesse : celui de l'empire du commerce et celui de l'empire colonial.

IV. — Travail, famille, religion

Dans cette triade « mid-victorienne », l'un des termes vient indiscutablement en premier : la religion. S'il paraît difficile de déterminer dans quelle mesure les années 1830-1880 peuvent être appelées « un âge de foi », un fait est incontestable — pour les Victoriens l'Angleterre se définit essentiellement comme un pays chrétien et la vie du peuple britannique se déroule dans un cadre de chrétienté. Certains même, oubliant l'existence de la minorité catholique, vont jusqu'à parler de la Grande-Bretagne comme d'un « Etat protestant ». Et l'on répète indéfiniment que le protestantisme s'accorde par vocation aux instincts de sérieux et de moralité de la race. C'est à bon droit que les plus lucides s'inquiètent de la déchristianisation pratique des masses, notamment dans l'Eglise établie, mais on maintient que la société s'identifie avec le terme *Christianity*, et de fait la religion tient une place centrale dans la vie privée et publique.

Si donc le christianisme constitue l'un des piliers de la nation, on doit cependant discerner en lui deux aspects : l'un social, l'autre personnel. Car autant qu'une foi il apporte, en vertu d'un passé séculaire, une organisation collective de l'existence. Par le canal de la religion passe un double salut : le salut de l'individu bien sûr, mais aussi celui de la société. Presque partout règne la conviction que c'est seulement en respectant les exigences de la loi chrétienne qu'un pays peut trouver l'équilibre et l'harmonie. De ce point de vue, comme le remarque Taine, l'Eglise se présente sous les espèces d' « un établissement d'hygiène morale, une bonne régie des âmes », et il en découle tout naturellement que « le respect du christianisme s'impose à l'opinion comme un devoir, et même comme une bienséance » (1).

Considéré sous cet angle, le christianisme forme une structure dans laquelle tout s'inscrit : les institutions, la vie publique, les affaires, l'éducation, la morale collective, les destinées individuelles. Les affirmations dogmatiques tendent à reculer au profit d'une *Weltanschauung* commune. Dans la mesure où la religion est par priorité une manière d'être et de vivre, plutôt qu'un credo strict et défini, la religiosité l'emporte. Il s'ensuit que les barrières religieuses entre dénominations sont souvent moins solides qu'elles ne le paraissent à première vue (il en va différemment des barrières sociologiques). C'est ainsi que, malgré la vive rivalité et même l'antagonisme entre l'Eglise anglicane et les sectes non conformistes (ou, comme on dit alors, entre *church* et *chapel*), il arrive à bien des fidèles de pratiquer indifféremment dans une église de la *Low Church* ou dans une chapelle du *Dissent* : les distinctions, très rigoureuses au sommet, s'estompent à la base.

Mais à côté de cette religion si bien socialisée qu'elle s'est « temporalisée », émiettée et affadie

(1) H. TAINE, *Notes sur l'Angleterre*, 1872, p. 259.

jusqu'au conformisme, existe un christianisme de l'intériorité, mettant l'accent sur l'irruption de la transcendance en chaque être. Ici la note dominante est donnée par l' « évangélisme », grand courant de réveil *(revival)* né au XVIIIe siècle, dont l'apogée proprement religieux se situe entre 1780 et 1830, mais qui à partir de cette date a étendu son influence dans tout le pays jusqu'à devenir une composante essentielle de la mentalité collective. A la jonction de l'anglicanisme et du non-conformisme (en particulier du méthodisme) l'*evangelicalism* a façonné la piété et la spiritualité, la théologie et les mœurs, au point que son empreinte austère et puritaine a persisté en plein XXe siècle.

Au point de départ la doctrine *evangelical* enseigne l'expérience religieuse fondamentale : la conversion. A l'homme pécheur elle prêche le salut par la foi, c'est-à-dire par la rencontre de Jésus-Christ Sauveur. Car l'âme, placée entre la nature — qui ne peut conduire qu'à la damnation éternelle — et la grâce — source du bonheur céleste —, trouve dans la miséricorde infinie de Dieu la voie du pardon et du réconfort. Dès que le pécheur est touché par la grâce, il est assuré de revivre. On comprend aisément que dans une société aussi dure, aussi remplie d'innombrables détresses que la société victorienne, cette forme de christianisme, apportant à la fois consolation et protection, ait trouvé une très large audience. De surcroît, à la différence de certains non-conformistes, notamment baptistes, qui s'en tenaient strictement à la doctrine calviniste — seuls sont appelés les « élus » — l'évangélisme anglican ou wesleyen annonce un salut universel : tous sont appelés, puisque « le juste est justifié par sa foi ». Une telle religion, bien loin de se cantonner dans les constructions théologiques, est d'abord pratique et vécue. C'est une expérience du cœur. Elle est popularisée à l'infini par des hymnes comme *Jesus Lover of my Soul* de Wesley ou *Lead Kindly Light* de Newman et transposée sous une forme laïcisée dans la tradition de l'humanitarisme sentimental à la Dickens.

Il est facile de voir comment à partir de là l'évangélisme conduit tout droit au puritanisme. Né du sentiment obsédant de la faute, il insiste sans relâche sur l'horreur du péché, la crainte du démon, la peur de l'enfer, jusqu'à des formes de culpabilité morbides et à des phobies quasi névrotiques : combien d'enfants victoriens, convaincus de n'être que des misérables pécheurs, ont dormi d'un sommeil agité dans la terreur de n'être point sauvés et de se réveiller au milieu des flammes éternelles ! C'est pourquoi cette version du christianisme aboutit, sous couleur de rejeter les plaisirs du monde, à fixer un code moral d'une extrême rigueur. Son ascétisme est d'ailleurs bien plus teinté par l'enseignement des stoïciens sur la volonté et la discipline de soi que par celui de l'Evangile sur l'amour. La privation est glorifiée pour la privation. Leslie Stephen raconte par exemple comment son père, fidèle dévot de la « secte de Clapham », s'interdisait inexorablement le plaisir le plus innocent : « une fois il fuma un cigare et le trouva si délicieux qu'il n'en fuma plus jamais » (1).

Religion de respect (mais on ne sait si celui-ci naît de l'amour ou de la crainte de Dieu), le christianisme victorien en arrive à édicter une série méticuleuse de règles, qu'il s'agit d'appliquer au pied de la lettre et non sans formalisme. Parmi ces règles — cadre rigide de l'existence bourgeoise et parfois populaire — il faut citer la lecture de la Bible (on peut même parler de « bibliolâtrie »), la prière en famille (encore peu en usage au début du siècle et déjà sur le déclin vers la fin) et surtout le respect du « sabbat » : sous prétexte d'honorer le « jour du Seigneur », tous les lieux de distraction sont fermés le dimanche et la vie paraît comme arrêtée en cette journée morne (seuls sont ouverts

(1) N. ANNAN, *Leslie Stephen*, 1951, p. 14.

les *pubs* grâce à une violente agitation ouvrière en leur faveur). Quant aux « écoles du dimanche », elles font des progrès considérables : alors qu'en 1818 les *Sunday schools* n'attiraient qu'un enfant sur sept, en 1888 elles en atteignent trois sur quatre.

Ainsi un perpétuel sentiment d'obligation — vis-à-vis de Dieu ou vis-à-vis des autres — imprègne les mentalités victoriennes. De ce moralisme exigeant ressort un impératif absolu : le devoir. Celui-ci dépasse largement le domaine religieux. Les agnostiques lui accordent la même valeur universelle que les pieux évangélistes et les catholiques. Car la notion de devoir est interprétée aussi bien comme une réponse à l'appel de la conscience que comme obéissance aux commandements de Dieu. On peut même dire que la rigueur du moralisme est encore plus grande chez ceux qui refusent toute révélation. Stuart Mill, George Eliot, Huxley en sont des exemples éclatants. Il y a dans la vie de George Eliot un épisode connu dans lequel la romancière, évoquant les trois grands concepts qui ont inspiré l'humanité — Dieu, l'Immortalité, le Devoir —, explique avec passion « combien impensable est le premier, combien incroyable le second et pourtant combien impératif et absolu est le troisième » (1). De fait quelque philosophie qu'aient eue les Victoriens, qu'ils aient été chrétiens ou libres penseurs, « évangéliques » ou utilitariens, « manchestériens » ou fabiens, libéraux ou conservateurs, *little Englanders* ou impérialistes, qu'ils aient milité comme chartistes, nationalistes irlandais, mutuellistes, républicains ou socialistes, tous ont partagé un même credo : ils ont cru à la liberté et à la responsabilité morale de chaque individu.

(1) F. Myers, *George Eliot*, in *Essays*, 1885, p. 268.

Mais évidemment du moralisme à l'hypocrisie il n'y a qu'un pas. Et la bourgeoisie victorienne l'a vite franchi. Sous l'influence du conformisme social, le *cant*, étroit et pudibond pharisaïsme, s'est donné libre cours. Il a trouvé dans la sexualité un domaine de prédilection. Là, les attitudes vont d'un silence gêné à la réprobation pour les « basses passions » et le caractère « animal » de la chair. Malheur à tous les déviants et à toutes les victimes — surtout féminines ! La chasteté est érigée en vertu cardinale. On condamne avec la même intransigeance l'enfant illégitime et l'adultère. Et bien que le divorce soit introduit en 1857 dans la loi civile, l'ostracisme à l'égard des divorcés durera bien au-delà du règne de Victoria.

A l'évidence, l'éthique dominante, avec sa discipline rigoureuse, a éminemment favorisé l'épanouissement de la société libérale. Une telle idéologie, prêchant à la fois l'esprit d'acceptation et l'esprit d'entreprise, la vertu et le conformisme, si elle ne se réduit pas à un « opium du peuple », est indéniablement fort utile pour consolider le pouvoir des classes dirigeantes. Mais il est à remarquer que ce code moral solidement charpenté se rencontre aussi bien chez les rebelles — du chartiste Lovett au marxiste Hyndman, du socialisme de Owen à celui de Keir Hardie — que parmi les capitaines d'industrie et les *squires* conservateurs. Des trade-unionistes du Yorkshire aux commerçants exploiteurs de l'Inde, le consensus sur les critères de la moralité s'avère pratiquement unanime.

Seconde pièce maîtresse de la société victorienne, la famille (en particulier dans la classe dirigeante et la classe moyenne) présente un triple caractère : moral, social et affectif. C'est une citadelle sainte. C'est une petite unité patriarcale. C'est un lieu de paix domestique. Dans la stabilité du corps social elle joue un rôle essentiel. Car elle fait partie des conventions que personne ne remet en cause. Numériquement, elle constitue la plupart du temps un groupe large et diversifié. D'abord parce que l'unité familiale réunit parents, enfants, domestiques, souvent une tante, parfois des cousins. Ensuite parce que la règle est d'avoir beaucoup d'enfants : la contraception est peu répandue, mal vue et surtout étrangère à la mentalité générale. En raison de la natalité élevée on compte vers 1860 une moyenne de 6,2 enfants par famille, toutes catégories sociales réunies. Si l'on classe aux alentours de 1870 les familles d'après le nombre d'enfants, on constate que l'enfant unique est plus rare que ne le sont les familles de 10 enfants. Un couple sur neuf a 11 enfants ou plus. Exactement la moitié des familles ont entre 5 et 10 enfants.

A l'intérieur de l'unité familiale, la prépondérance masculine est solidement établie. Elle apparaît même comme un dogme, que les femmes ne sont pas les dernières à accepter. En effet les notions de passivité et de fragilité féminines sont aussi profondément ancrées que l'idée de la supériorité virile. La peinture contemporaine, qu'elle soit académique ou préraphaélite, traduit à la perfection la volonté d'idéaliser la féminité : d'où ces personnages diaphanes, éthérés, presque surnaturels, des tableaux victoriens. Et le célèbre poème de Coventry Patmore consacré à l'amour porte un titre hautement symbolique de la mission sacrée assignée à la femme : *L'ange dans la maison.*

Mais la famille doit aussi être considérée comme un abri. Le *home* est un refuge contre les tracas et les brutalités du monde extérieur. On respire et on se refait dans la chaleur du foyer domestique. L'image la plus couramment employée à propos de ce foyer est celle du « temple », sanctifié par la volonté divine, signe de communion et d'élévation de l'âme, lieu de l'éducation, du respect et de l'amour. C'est un féministe, Stuart Mill, qui n'hésite pas à qualifier la famille d' « école de sympathie aimante, de tendresse et d'oubli de soi » (1). Et n'est-il pas significatif que la musique la plus célèbre du principal compositeur anglais du XIXe siècle, Henry Bishop, soit le morceau intitulé *Home, Sweet Home* ?

Un troisième culte vient s'ajouter à celui de la morale et de la famille : le culte du travail. Lors de l'Exposition universelle de 1851, les Anglais se glorifient de leur rôle d' « abeilles travailleuses de la ruche mondiale », car, est-il proclamé, ce sont « les travailleurs [qui] entre tous se détachent comme des hommes réellement grands ». Et les médailles distribuées en récompense aux exposants portent l'inscription *Pulcher et ille labor palma decorare laborem* (2). A la vérité l'évangile du travail se situe sur un double plan : religieux et économique. Le labeur est sacralisé à la fois comme nécessité et comme vertu. D'un côté le développement de l'industrie et du bien-être impose d'être « industrieux ». Par là on justifie la croissance, l'enrichissement et la réussite. Et la morale puritaine, tout en insufflant l'esprit d'entreprise, répand l'idée que l'argent est avant tout la récompense du mérite. D'un autre côté le travail, grâce à son origine divine, prend le sens d'une croisade pour la domestication de la nature et d'un remède contre le doute et le désespoir en faisant participer l'homme à l'œuvre de la création. S'il est un devoir imposé par la condition humaine, il a également la valeur d'une mission. C'est pourquoi chacun, à son rang, doit trouver dans son travail une source d'élévation et de progrès. « Tout vrai

(1) S. MILL, *The Subjection of Women*, 1869, chap. II
(2) A. BRIGGS, *Victorian People*, 1954, p. 49.

travail, affirme Carlyle, est religion. » A l'opposé il n'est pire défaut que la fainéantise. L'oisiveté est associée avec le vice et même avec Satan. C'est la voie de la perdition. (Par une curieuse inconséquence on ne voit là nulle incompatibilité avec l'existence d'un large secteur de privilégiés, aristocrates et rentiers, vivant de revenus sans travail.)

Un des plus célèbres tableaux préraphaélites, *Work*, de Ford Madox Brown, résume dans un sens volontairement démocratique la prédication victorienne sur le travail. Toute en allégorie, la toile, sur laquelle l'artiste a travaillé durant des années, et qui se veut riche d'un message moral, représente le labeur, source de purification et d'élévation, sous la forme de cinq terrassiers à l'œuvre dans une rue de Londres. Autour d'eux des oisifs servent d'antithèse : un *gentleman*, une dame d'œuvres, un vagabond. La figure centrale, image, comme l'a expliqué le peintre, « de santé virile et de beauté », c'est le travailleur anglais, conscient de son utilité et de sa valeur, l'homme « qui fait bien son travail et aime son verre de bière ». Dans un coin du tableau sont campés deux personnages à l'air méditatif — ce sont Carlyle et le socialiste chrétien Maurice — qui incarnent les travailleurs intellectuels. Hommage symbolique à la dignité du labeur et à la grandeur ouvrière, la composition, très élaborée jusque dans le moindre détail, constitue une véritable apothéose du travail.

Chapitre II

LES ÉLÉMENTS MOUVANTS

Parce que la réussite matérielle, la stabilité politique, la grandeur de la nation et sa prééminence dans le monde donnent à John Bull une inaltérable assurance (c'est le triomphe du *Civis britannicus sum*), il n'en faudrait point déduire que l'époque victorienne est toute tissée de certitudes et de vues optimistes. L'Angleterre est en même temps traversée de courants d'inquiétude. Des soubresauts la parcourent à maintes reprises. En effet les grands conflits qui agitent alors l'Europe — la question ouvrière, le mouvement des nationalités, la bataille entre la foi et la libre pensée — l'atteignent elle aussi de plein fouet. Bien loin de se laisser bercer dans un confort douillet, elle ressent intensément l'effet de toutes les secousses du siècle : secousses sociales — c'est le problème des relations du travail et du capital —, secousses nationales — c'est la question irlandaise —, secousses religieuses et intellectuelles — ce sont les multiples débats théologiques, philosophiques et littéraires.

I. — Question ouvrière et peurs sociales

Dans un passage fameux de son roman *Sybil* (1845), Disraëli décrit l'Angleterre comme un pays partagé entre « deux nations » totalement étrangères l'une à l'autre : celle des riches et celle des pauvres. Il n'y a pas là seulement un raccourci brutal de la stratification sociale britannique ; l'image traduit parfaitement le sentiment qu'éprouvent les contemporains d'une coupure en deux de la société : d'un côté l'oligarchie des privilégiés, de l'autre la masse grondante des « basses classes ». L'étendue même du prolétariat ouvrier, la concentration de foules misérables dans d'énormes agglomérations, l'immense fossé qui, par le revenu, le niveau de vie, l'éducation, les manières, sépare les « classes supérieures » de la multitude des travailleurs manuels, tout fait redouter aux uns, espérer aux autres un grand bouleversement qui altérerait dans un sens égalitaire la distribution profondément inégale des richesses.

La révolution industrielle a atteint alors ses pleins effets. Et l'Angleterre doit payer d'un prix humain élevé ses succès sur le plan de l'industrialisation. Même à ceux qui voudraient l'ignorer, la question sociale (baptisée *Condition of England Question*) s'impose dans toute son ampleur, comme une menace terrible, tantôt latente, tantôt à découvert. Chez les uns, parmi les consciences pures, elle suscite l'angoisse de la misère ; chez les autres, les nantis aux poches bien garnies, c'est la hantise de tout perdre.

Dans les districts manufacturiers, où afflue une population toujours plus nombreuse, tous les observateurs sont frappés (comment d'ailleurs ne le seraient-ils pas ?) par la dureté, la brutalité, la dégradation de la vie ouvrière. Longues heures de travail, exploitation des femmes et des enfants, insécurité de l'emploi, hygiène lamentable des ateliers et des habitations, entassement dans les *slums*, discipline stricte du *factory-system*, dégradation physique et morale, rupture des liens familiaux, alcoolisme et prostitution, absence d'instruction, déshumanisation qui réduit les êtres à l'état d'animaux de labeur dans une atmosphère d'accablement morne : le tableau a été si souvent tracé qu'il n'est point besoin d'insister. Mais il faut rappeler que c'est là la toile de fond sur laquelle se déroule l'existence quotidienne. Les investigations des médecins, des *clergymen*, des commissions royales d'enquête rejoignent les conclusions d'Engels dans son classique sur *La condition de la classe laborieuse en Angleterre* (1845). A Bath, ville bourgeoise et élégante, l'espérance de vie moyenne d'un *gentleman* est de 55 ans, à Liverpool celle d'un manœuvre est de 15 ans. A Edimbourg un officier de police relate que dans les quartiers pauvres à la question « Quand vous êtes-vous lavé pour la dernière fois ? » il est invariablement répondu « la dernière fois que j'étais en prison ». A Manchester on compte 20 000 personnes vivant dans des caves. Dans les usines une femme gagne le tiers de ce que gagne un homme adulte, un enfant entre le quart et le dixième.

Quant au fossé entre les classes, l'écart des revenus le traduit avec éloquence. Alors que le salaire moyen d'un travailleur manuel au milieu du siècle s'établit entre £ 40 et £ 60 par an, dans la bonne bourgeoisie le revenu d'un membre des professions libérales ou commerciales s'élève entre £ 400 et £ 1 000 ; dans l'aristocratie foncière un *squire* dispose de £ 2 000 à £ 3 000, et chez les grands seigneurs les revenus atteignent de £ 10 000 à £ 50 000 (de surcroît s'agit-il dans ces derniers cas de revenus sans travail). En matière de salaire, l'orthodoxie de l'économie classique veut que le taux en soit fixé au strict minimum requis pour la subsistance de l'ouvrier. C'est le principe qu'avait énoncé Adam Smith (il faut, disait Arthur Young, son émule, « maintenir les classes inférieures dans la pauvreté, sans quoi elles ne seront jamais industrieuses ») et que Ricardo a repris avec éclat (les socialistes parleront de « loi d'airain » des salaires).

Mais, si solide, si puissante qu'elle soit, la société en place vit avec le sentiment continuel d'une explosion imminente. La peur sociale ne la quitte guère. On redoute le brusque soulèvement de foules sauvages, jetées dans la rue par la misère et excitées par des « agitateurs ». On imagine l'ordre renversé, la populace installée au pouvoir, à l'instar des révolutions de France, dont le spectre depuis Burke ne cesse de hanter les esprits. Le langage du jacobinisme se perpétue du reste chez les radicaux et les chartistes. De Carlyle (*La Révolution française*, 1837) à Dickens (*Un conte de deux villes*, 1859), les frissons rétrospectifs trouvent aisément de quoi se nourrir dans les événements de 1830 et de 1848. En Angleterre même, le premier tiers du siècle a été ponctué de secousses et de violences : luttes civiles du luddisme, de Peterloo, du « capitaine Swing » ; espoirs socialistes et syndicaux ; agitation populaire pour la réforme électorale. Sans doute à chaque fois la révolution a-t-elle été évitée, « l'ordre et la loi » maintenus. Mais on se demande jusqu'à quand. Entre 1832 et 1850 on assiste au développement du trade-unionisme, à la naissance du chartisme, au combat du mouvement libre-échangiste (placé délibérément sur un front de classe : bourgeoisie contre aristocratie) ; à quoi s'ajoute toute une agitation endémique : lutte contre la loi des pauvres, campagnes pour la législation du travail *(Factory reform)*, coopératisme, tentatives d'éducation ouvrière.

Aussi le sentiment de la menace révolutionnaire reste-t-il plus fort que jamais. Pour un rien on voit se dresser les images effrayantes : le pillage, le désordre, le règne de *King Mob*. Parcourant en chemin de fer les Midlands, le doux Shaftesbury soupire : « Ces villes m'impressionnent toujours : la masse des êtres humains que rien ne réfrène sinon la force et l'habitude et qui échappent à toute influence parce qu'ils sont hors d'atteinte de toute discipline morale ou religieuse, cela me fait l'effet d'un miracle permanent » (1). Même après le milieu du siècle, alors que tout danger de révolution semble écarté, les craintes ne s'apaisent point. Bertrand Russell a raconté comment en 1869 en pleine tranquillité victorienne son grand-père, gisant sur son lit de mort et entendant soudain un grand bruit dans la rue, crut que c'était le signe de la révolution (2). A la fin du siècle on retrouve cette même peur de hordes de barbares jaillissant de leurs *slums* pour attaquer la propriété et renverser l'édifice social. « Notre civilisation », note Mark Rutherford, ne forme qu' « une fine pellicule, une sorte de croûte au-dessus de la cheminée d'un volcan » ; mais on doit se demander « si quelque jour le volcan ne va pas entrer en éruption et nous détruire tous » (3).

II. — L'agitation chartiste et le mouvement ouvrier

De fait entre 1836 et 1848 une intense agitation révolutionnaire remue l'Angleterre dans ses profondeurs : c'est le chartisme. Même si celui-ci aboutit finalement à un échec, il marque le pays pour des années et ses revendications serviront d'archétypes à tous les courants d'émancipation démocratique jusqu'au début du XXe siècle.

Le mouvement part des déceptions du monde

(1) E. Hodder, *The Life and Work of the 7th Earl of Shaftesbury*, 1886, t. I, p. 527.
(2) *Ideas and Beliefs of the Victorians*, 1949, p. 20.
(3) *Mark Rutherford's Deliverance*, 1885, p. 65.

ouvrier après le double échec des espoirs politiques de 1830-1832 (le *Great Reform Bill* n'a favorisé que la classe moyenne et les travailleurs n'ont rien obtenu, ni droit de vote ni amélioration de leur sort) et des tentatives d'organisation syndicale de 1833-1834 (l'idée d'une grande fédération syndicale a fait long feu). Le chartisme s'alimente aussi de l'indignation populaire devant la mise en application de la loi des pauvres de 1834. Le principe de la nouvelle *Poor Law*, c'est la dissuasion. Pour ses auteurs il s'agit de rendre aussi repoussant que possible le recours à l'assistance publique en instituant l'internement des indigents dans des asiles ou *workhouses* — bientôt surnommés « bastilles » — de manière à obliger les pauvres à travailler pour un salaire au lieu de compter sur la charité des collectivités locales : système que Carlyle fustigeait avec un mépris cinglant (« c'est une invention simple comme le sont toutes les grandes inventions... Si les pauvres sont rendus misérables, leur nombre diminuera. Le secret est connu de tous les tueurs de rats ») et que Dickens ému de commisération dénonce dans *Oliver Twist*. L'hostilité quasi viscérale à l'humiliante *Poor Law* se renforce encore à partir du moment où une succession de crises économiques cycliques — celles de 1837-1838, 1842, 1847-1848 — répand la misère et le désespoir dans tous les districts industriels.

Mais peut-être plus encore qu'une réaction à la conjoncture politique et économique, le chartisme doit être interprété comme un sursaut du prolétariat anglais écrasé par les horreurs de la révolution industrielle, atteint par la crise des vieux métiers artisanaux et tout imprégné de la tradition démocratique d'indépendance et de fierté individuelles, d'égalité et de liberté (le *free-born Englishman*). Autant que le pain, c'est le droit à la dignité que revendiquent les ouvriers dans leur rébellion.

Le chartisme tire son nom de la « Charte du Peuple » élaborée en 1838 par quelques artisans et ouvriers londoniens, dont Lovett, réunis dans l'*Association des Travailleurs de Londres*. Vite devenue le cri de ralliement du mouvement, la Charte comporte six points : 1) le suffrage universel ; 2) le renouvellement annuel du Parlement ; 3) le scrutin secret ; 4) une indemnité parlementaire pour les députés ; 5) la suppression du cens d'éligibilité ; 6) l'égalisation des circonscriptions électorales. Ces revendications, bien qu'elles soient toutes d'ordre politique, ne doivent pas masquer le caractère social du chartisme. L'idée de base, c'est que la réforme politique représente le moyen premier, et le seul possible, de la transformation de la société. Pour donner à tous une existence décente et humaine dans un système social juste et égalitaire, il faut arracher les leviers de commande aux « classes stériles », c'est-à-dire à l'oligarchie de privilégiés qui les détient par la force. Ainsi les travailleurs pourront instaurer une nouvelle répartition des fruits du travail conformément aux droits et aux besoins de chacun.

A trois reprises la vague chartiste balaie le pays. En 1839 pendant qu'une grande campagne de pétitions recueille 1 200 000 signatures en faveur de la Charte du Peuple, d'innombrables meetings, démonstrations, cortèges, retraites aux flambeaux se déroulent à travers l'Angleterre. A Londres est réunie une « Convention » (en souvenir du jacobinisme) ou « Parlement du Peuple ». Certains proposent la grève générale sous forme d'arrêt du travail pendant un mois (« le mois sacré »). Au sein des classes dirigeantes l'anxiété devant la pression révolutionnaire atteint son comble, tandis que le plus flamboyant des leaders chartistes, Feargus O'Connor, lance un appel resté fameux « aux vestes de futaine, mains calleuses et mentons mal rasés d'Angleterre et d'Ecosse, aux Irlandais en haillons et pieds nus ». Mais bientôt le mouvement affaibli par la répression gouvernementale se divise, hésite et retombe.

Deux autres poussées chartistes agitent encore l'Angleterre. En 1842, au plus fort de la pire dépression économique du siècle, l'Association nationale pour la Charte présente une nouvelle pétition, rassemblant cette fois plus de 3 millions de signatures. Mais le Parlement la rejette après un grand débat où le suffrage universel est proclamé « incompatible avec la propriété... et par conséquent incompatible avec la civilisation » (Macaulay). En 1847 commence une nouvelle phase d'agitation. C'est la troisième Convention chartiste et la troisième pétition. Au printemps 1848 les grondements révolutionnaires s'amplifient dans le Nord industriel, exaltés par l'écho des révolutions européennes. Mais le 10 avril, alors que les autorités ont mobilisé toutes les forces de police disponibles, la grande manifestation chartiste prévue à Londres à l'occasion de la remise de la pétition au Parlement aboutit à un fiasco complet. Et au cours de l'été le mouvement s'éteint peu à peu dans la déception générale. Pourtant le chartisme n'est pas mort : il survit, plus militant encore, ouvertement socialiste désormais, jusque vers 1860, mais il n'atteint plus que des petites minorités éparses, car le gros des ouvriers s'en est détourné. C'est pourquoi il n'apparaît plus comme une menace sérieuse pour l'ordre social.

Si le chartisme a échoué, c'est sans aucun doute d'abord en raison du caractère hétérogène de la classe ouvrière, de ses faiblesses internes, de sa dispersion géographique. A cet égard le fait que le mouvement ait trouvé sa force principale dans les régions industrielles du Nord alors que le siège du gouvernement et des décisions était situé à Londres a constitué pour lui une infirmité congénitale. Il faut également ajouter les divergences perpétuelles de tactique qu'aggravent les dissensions de personnes : les leaders les plus modérés comme Lovett ne s'entendent pas avec les éléments plus radicaux comme O'Brien et surtout O'Connor, Harney, Ernest Jones. Mais plus encore que toutes ces causes, il faut invoquer l'assurance et la puissance des classes dirigeantes, leur détermination à se défendre. Dans ce cas aristocratie et bourgeoisie se retrouvent unies contre les revendications populaires.

Ainsi le plus puissant mouvement révolutionnaire qu'ait connu l'Angleterre au XIXe siècle n'a réussi ni à renverser ni même à mettre sérieusement en danger la société établie. L'ordre l'a emporté. L'année 1848, qui voit l'Europe entière bouleversée par les révolutions, marque un triomphe pour l'Angleterre, seule parmi les grands Etats à ne pas être atteinte par la vague de subversion. Alors qu'autour d'elle les trônes sont renversés, alors que se dressent les barricades, bientôt écrasées sous les boulets de la contre-révolution, elle fait une démonstration éclatante de stabilité et de paix intérieure. Il est bien vrai que des secousses se font sentir. A côté de l'agitation chartiste du printemps 1848, il faut mentionner la rébellion, vite avortée, de la Jeune Irlande. Mais que sont ces mouvements sporadiques à côté des grands craquements du continent ? Témoin de l'échec de la manifestation révolutionnaire de Londres, Berlioz confie à son journal : « Braves gens ! vous vous entendez à faire des émeutes comme les Italiens à écrire des symphonies... » (1).

(1) H. BERLIOZ, *Mémoires*, t. I, p. 22.

De cette force de permanence, de cet esprit de pondération et de sagesse, on se félicite dans la presse et dans l'opinion. Peu après, Palmerston en tire orgueilleusement la leçon :

« Nous avons donné l'exemple d'une nation dans laquelle chaque classe de la société accepte avec contentement le sort que la Providence lui a assigné, tandis qu'en même temps chacun dans chaque classe ne cesse de faire effort pour s'élever dans l'échelle sociale — non point à coup d'injustices et de torts, ni par la violence ou l'illégalité, mais par la bonne conduite, en mettant à profit avec persévérance et énergie les facultés morales et intellectuelles dont il a été doté par le Créateur » (1).

Après 1850, le mouvement social, assagi et canalisé, revêt d'autres formes. Mais il ne faudrait point pour autant minimiser le combat ouvrier. Celui-ci poursuit sa double lutte, contre le patronat et pour la démocratisation, dans trois directions. La première est celle du mouvement coopératif. L'aspiration owenienne vers un monde communautaire a fini par trouver un mode de réalisation. Mais c'est d'une manière modérée et amoindrie : elle s'est faite boutiquière, pactisant avec la marchandise. Sur le prospectus des initiateurs du coopératisme, les « Equitables Pionniers de Rochdale », on lit : « L'objet de cette société est l'avancement moral et intellectuel de ses membres... Elle les ravitaille en épicerie, viande de boucherie, étoffes, vêtements et chaussures. » La seconde voie adoptée est celle du trade-unionisme. Depuis que leur existence légale a été autorisée en 1824-1825, les syndicats ont progressé par bonds et par reculs successifs. A partir du milieu du siècle, ils se renforcent en nombre, en organisation, en ressources financières. Deux avances importantes jalonnent cet essor : la formation

(1) *Hansard*, 3rd series, CXII, 443, 24 June 1850.

en 1860 de la Bourse du Travail de Londres, et surtout en 1868 la création de la Confédération des Syndicats britanniques, le *Trades Union Congress* ou T.U.C. En 1874 les effectifs atteignent un premier record : 1 200 000 syndiqués. Enfin, la présence de nombreux réfugiés politiques sur le sol de l'Angleterre, la sympathie populaire pour les mouvements nationaux en Europe (on acclame comme des héros Kossuth et Garibaldi), le sentiment de la communauté de destin entre travailleurs par-delà les frontières entraînent un authentique sentiment de solidarité ouvrière qui fait participer les *trade-unions* à la fondation et aux activités de la Ire Internationale de 1864 à 1871.

On est donc loin du consensus dont rêvent les nostalgiques de la société d'antan. Il n'en reste pas moins que le mouvement ouvrier de l'ère mid-victorienne renonce à s'en prendre à l'ordre social lui-même. Pour lui il s'agit non de renverser le capitalisme, mais de l'aménager de manière à y faire pénétrer la démocratie sociale. Aussi les classes « supérieures » ne manquent-elles pas une occasion de louer la sagesse, la modération, le réalisme du monde du travail.

III. — Les tourbières d'Irlande : enlisement et profits

Seule région du globe où la puissante Albion a dû enregistrer l'échec de sa politique, l'Irlande constitue en quelque sorte le talon d'Achille du Royaume-Uni. Jamais les Anglais ne sont arrivés à comprendre ni à gouverner les Irlandais, pas plus que les Irlandais n'ont accepté la domination qui leur était imposée. Dans l'opinion internationale le traitement subi par « la Pologne des îles Britanniques » a largement contribué à ternir l'image de marque de l'Angleterre libérale. Au milieu d'une série ininterrompue de réussites, l'exception mérite singulièrement d'être notée. Seulement ce talon d'Achille ne risque point de blessure fatale : irritante, parfois exaspérante pour les Britanniques, la question irlandaise, ce « mal incurable, mais point mortel », comme on l'a cyniquement appelée, a sans nul doute compliqué la tâche de presque chaque gouvernement, mais jamais ces déboires n'ont mis réellement en danger les intérêts vitaux de l'Angleterre.

Lorsque Victoria monte sur le trône, l'Irlande vit depuis 37 ans sous le régime de l'Acte d'Union, qui a intégré l'île au royaume en abolissant les signes distinctifs du particularisme irlandais. Le principal objectif du mouvement national conduit par O'Connell, le prestigieux « roi des mendiants », c'est d'obtenir l'abrogation (le *repeal*) de l'Union. Cependant la grande masse de la paysannerie, accablée par un système agraire qui la met à la merci des grands propriétaires, les *landlords* anglo-irlandais, et de leurs agents locaux, est encore plus préoccupée par les problèmes immédiats de la survie que par l'enjeu des luttes politiques, encore que dans le nationalisme irlandais tout se trouve mêlé, antagonismes nationaux et antagonismes religieux, lutte agraire et bataille pour l'autonomie politique, conflits de mentalités avec les Anglais et attachement têtu à l'identité irlandaise. Pour défendre leurs droits sur leurs lopins de terre, les misérables tenanciers recourent au terrorisme, ce qui par contrecoup renforce la répression par les autorités britanniques. Une instabilité endémique ravage les campagnes. Facteur aggravant : une croissance démographique extrêmement rapide (5 200 000 habitants en 1801,

8 300 000 en 1845), sans aucun progrès correspondant de la productivité ni de l'industrie, précipite encore davantage les paysans dans la misère et accentue la « faim de terre » dans les districts surpeuplés de l'île.

Du côté anglais on n'a que mépris pour les *Paddies*, cette race turbulente et brutale (à l'occasion des « crimes » agraires ne va-t-elle pas jusqu'à mutiler les animaux !), peuple de braillards et de paresseux, abrutis par l'alcool et le papisme... En conséquence la politique qui prévaut est une politique de fermeté. Quitte à introduire de temps à autre des réformes lorsque les revendications irlandaises se font dangereusement pressantes ou lorsqu'il paraît nécessaire d'apporter des apaisements pratiques. Mais cette alternance de la carotte et du bâton, ou comme on dit alors du « coup de pied » et du « sourire » *(kicks and kindness)*, ne fait qu'exaspérer l'opinion irlandaise qui après 1840 se concentre résolument sur le *Repeal*. Cependant la grande campagne de meetings organisée par O'Connell est stoppée net par Peel qui interdit les rassemblements et fait jeter en prison le vieux leader. Un autre mouvement national, romantique et généreux, prend la relève : la *Jeune Irlande*. Mais ses chefs, victimes de leur idéalisme « quarante-huitard », ne réussissent pas à organiser le soulèvement dont ils rêvent. En 1848 l'insurrection nationale prévue se réduit à une échauffourée au milieu d'un carré de choux : « la loi et l'ordre » britanniques triomphent sans peine.

Du reste à cette date l'Irlande se retrouve exsangue et désespérée. Dans ce pays où l'existence physique de la moitié de la population repose sur la culture de la pomme de terre, une épidémie a éclaté en 1845. Coup sur coup deux récoltes ont été complètement détruites. C'est une catastrophe sans rémission. Au moins 750 000 Irlandais périssent, un million émigrent.

Dans les années qui suivent, un parti irlandais indépendant cherche à se constituer à Westminster, mais sans arriver à constituer, comme il le visait, un groupe de pression capable d'obtenir des réformes du Parlement. D'autres Irlandais décident de recourir à la violence. En liaison avec leurs compatriotes émigrés aux Etats-Unis — les Irlando-Américains — et, en Angleterre, ils fondent la *Fraternité républicaine irlandaise*. Mais les *Fenians* échouent dans toutes leurs tentatives de coups de force. La seule amélioration réelle apportée au statut de l'île, c'est la loi de désétablissement de l'Eglise anglicane en Irlande, mesure prise en 1869 sur l'initiative de Gladstone dans un souci de réconciliation (« ma mission, déclare-t-il, est de pacifier l'Irlande »).

En réalité les Irlandais ne se laissent point apprivoiser pour autant. Les racines du nationalisme celtique ont poussé trop profond pour pouvoir être aisément sectionnées. La plupart du temps du reste la politique britannique n'aboutit qu'à exacerber le sentiment national. Mais, tout compte fait, l'Angleterre victorienne, même enlisée dans les tourbières irlandaises, retire du pays des profits appréciables. Sans même parler des satisfactions de la volonté de puissance et de l'orgueil national — qui ne sauraient s'évaluer — ni des avantages géopolitiques, stratégiques et navals que procure la domination sur « la seconde île de John Bull », l'Angleterre trouve en Irlande des bénéfices, aisés à mesurer, sur le plan démographique autant qu'économique. L'Irlande fournit en permanence de 1830 à 1870 une main-d'œuvre à bon compte, sorte d' « armée de réserve » du travail. D'autre part elle représente un marché pour les produits industriels anglais et une source d'approvisionnement en produits agricoles. Enfin, aux profits du commerce s'ajoutent ceux de la propriété : la rente foncière vient enrichir les *landlords* de l'aristocratie anglo-irlandaise en contribuant de manière non négligeable à leur train de vie en Angleterre.

IV. — Inquiétudes spirituelles

Derrière l'apparente sérénité des Victoriens se dissimulent nombre d'interrogations et de doutes. La belle confiance optimiste est traversée d'hésitations. A tout moment des zones d'ombre viennent voiler l'éclatante lumière de la réussite matérielle. Dans le poème le plus célèbre et le plus représentatif du « mid-victorianisme », *In Memoriam* (1850), Tennyson, continuellement hanté par la présence de la mort, fait entendre la voix grave d'une conscience pleine d'anxiété et d'incertitude. Et les incessantes controverses traduisent bien la recherche passionnée d'une vérité que beaucoup ne parviennent ni à saisir ni à enfermer dans un credo positif.

Une première source d'inquiétude tient à l'état religieux du pays. Bien que l'Angleterre passe pour le parangon de la nation chrétienne, les résultats du recensement religieux opéré en 1851 jettent l'émoi dans l'opinion. C'est brusquement la révélation de la déchristianisation pratique des masses. Déjà depuis longtemps les anglicans s'alarmaient de la montée du non-conformisme. Entre 1801 et 1851 le nombre des chapelles baptistes a grossi de 650 à 2 800, celui des chapelles congrégationalistes de 900 à 3 200 ; quant aux chapelles méthodistes leur effectif a bondi de 800 à 11 000. Mais cette fois il s'agit, toutes confessions chrétiennes réunies, d'un dramatique recul de la pratique religieuse, puisque le jour du recensement il n'y a que la moitié de la population en âge de pratiquer qui se trouve présente dans les églises et chapelles d'Angleterre. Même en tenant compte de tous les empêchements possibles, c'est au moins 40 % de la population qui reste à l'écart des établissements du culte. D'ailleurs le fait est confirmé par de multiples observations et témoignages de *clergymen* se lamentant de la désaffection de leurs ouailles. Sans discussion possible, la statistique démontre aux Eglises l'écart entre l'idéal proclamé et la réalité vécue. Autre signe d'inquiétude : on relève des taux particulièrement faibles de pratique dans les centres urbains, surtout à Londres et dans les villes industrielles du Lancashire et du Northumberland-Durham. Dans l'*East End*, dans les quartiers ouvriers de Manchester, les présences dans les églises anglicanes tombent au-dessous de 10 % de la population, et dans ce cas, même en ajoutant les pratiquants non-conformistes, on aboutit à une énorme majorité de « déliés » — qualifiés aussitôt de « païens ».

Si maintenant l'on examine la répartition par confession religieuse, trois grands groupes, d'importance très différente, se dégagent. Les anglicans et les non-conformistes arrivent à peu près à égalité. D'après les études critiques récentes corrigeant les données douteuses du recensement, les non-conformistes l'emporteraient même légèrement (49 % du total contre 47 % de fidèles de l'Eglise établie). Mais les non-conformistes se divisent eux-mêmes entre : 1) adhérents des trois « vieilles dénominations » du *Dissent* (congrégationalistes formant le quart du total des non-corformistes, baptistes formant le cinquième, presbytériens en assez petit nombre) ; 2) méthodistes (c'est le groupe le plus nombreux, totalisant la moitié du non-conformisme, mais subdivisé en sectes : wesleyens, « méthodistes primitifs », *New Connexion*, *Bible Christians...*) ; 3) les petits groupes formés par les unitariens, les quakers, les « frères de Plymouth », etc.

Le reste des pratiquants est constitué de la minorité catholique (4 % du total des Eglises), concentrée surtout dans le

Lancashire, à Londres et dans les autres districts industriels et caractérisée par une énorme prépondérance de l'élément irlandais et ouvrier. A l'époque du recensement le catholicisme est en pleine renaissance en Angleterre (c'est le « second printemps ») et ses progrès numériques ont amené la papauté à décider en 1850 le rétablissement de la hiérarchie catholique. L'événement consacre la remontée spectaculaire du « papisme », considéré jusque-là comme une survivance négligeable.

Mais d'autres sujets de perplexité préoccupent en profondeur les esprits. C'est que la période est, selon les termes de Morley, le politicien radical et agnostique, « l'âge de la science, des nouvelles connaissances, de la critique impitoyable, avec pour résultat la multiplication des doutes et l'ébranlement des croyances » (1). Le grand débat sur la foi et sur la vérité va s'amplifiant. De toutes parts jaillissent les interrogations : Dieu existe-t-il ? L'âme est-elle appelée à une destinée surnaturelle ? Peut-on croire à la récompense du ciel, aux punitions de l'enfer ? Que signifie la voix de la conscience ? Peut-on fonder une morale sans Dieu et sans l'immortalité de l'âme ? Pour ceux qui ont choisi le christianisme, de quel côté faut-il chercher le vrai : du côté catholique ? calviniste ? ou bien anglican ? Et à l'intérieur même de l'anglicanisme la vérité et la sainteté sont-elles dans la *High Church*, la *Low Church*, la *Broad Church* ? Face à la formidable armée des défenseurs de la révélation, les troupes de l'agnosticisme se renforcent, épaulées par un certain anticléricalisme populaire toujours vivace. A beaucoup la conquête de la libre-pensée apparaît comme le terme ultime de l'émancipation : le seul moyen de s'arracher aux tyrannies religieuses. Ainsi George Eliot, après avoir rejeté la foi « évangélique » de sa jeunesse, ressent,

(1) J. Morley, *Recollections*, 1917, t. I, p. 100. Morley évoque l'atmosphère des années 1850-1870.

confie-t-elle, « une impression d'exultation et d'espoir », car son âme est « libérée du misérable lit de Procuste dogmatique sur lequel elle avait été étendue et attachée » (1).

Trois controverses principales, d'ordre théologique et philosophique, concentrent sur elles l'attention de l'opinion. La première est la conséquence du réveil anglican *(Anglican revival)* qui, sous le nom de *mouvement d'Oxford*, agite l'Eglise établie entre 1833 et 1845.

Le mouvement tire sa force d'un double refus. D'abord le refus de l'individualisme étriqué de la théologie *evangelical* risquant de réduire l'Eglise à un rôle de gendarme moralisateur. C'est d'autre part une réaction contre le libéralisme ambiant alors en pleine vogue intellectuelle et politique (on est en 1832), qui au nom du rationalisme théiste dissout la révélation dans un vague message spiritualiste et prétend soumettre en un processus laïcisateur les institutions ecclésiastiques au critère de l'utilité sociale. Face à ces dangers il faut, pour les âmes profondément religieuses qui sonnent le réveil, rétablir le sens de la mission divine de l'Eglise, en affirmant bien haut qu'elle a été instituée par Dieu et non par l'homme. En d'autres termes, il s'agit d'en revenir à la véritable Réforme anglicane qui a voulu adopter une voie moyenne entre Rome et Genève. De là découle la nécessité de restaurer le caractère « catholique et apostolique » de l'Eglise d'Angleterre.

Mais le mouvement d'Oxford — ainsi nommé parce qu'il s'est développé autour d'un petit groupe de *clergymen* professeurs à l'Université d'Oxford, Keble, Pusey, Froude et, le plus célèbre de tous, Newman, qui deviendra cardinal — ne veut pas se limiter à un effort de rénovation théologique. Parti d'une inquiétude de conscience, il est aussi à la recherche d'une spiritualité authentiquement catho-

(1) Lettre de George Eliot à Mrs. Pears, février 1842, *in* J. W. Cross, *George Eliot's Life as related in her Letters and Journals*, 3 vol., 1885, t. I, p. 80.

lique, ample, profonde, sacramentelle — à la différence de l'étroitesse froide de l'évangélisme. Mettant l'accent sur la liberté de l'homme et l'amour de Dieu, il se réclame de la grande tradition de sainteté remontant aux Pères de l'Eglise et aux communautés chrétiennes primitives. Ainsi, conservateur au départ, le mouvement aboutit en fait par son audace à révolutionner l'anglicanisme tout en redonnant un éclat incomparable à la tradition *High Church*. Sa pensée s'exprime dans une série de *tracts* (d'où le nom de *tractarianisme*) publiés de 1833 à 1841. Cependant à cette date le mouvement d'Oxford se divise. Les uns, de plus en plus convaincus que la théorie de l'anglicanisme comme « voie moyenne » est intenable et que la vérité se trouve du côté romain, rejoignent le catholicisme : c'est le cas en particulier de Newman, dont la conversion en 1845 (suivie de beaucoup d'autres) fait l'effet d'un coup de tonnerre. Les autres éléments, notamment Pusey et Keble, restent fidèles à l'Eglise établie. Après 1845 ils mettent l'accent sur la restauration des rites liturgiques dans le culte anglican : ce sont les « ritualistes ». Ainsi se maintient très vivante une tradition *anglo-catholique*, souvent en butte aux critiques et aux attaques des évangélistes de la *Low Church* qui voient là une forme déguisée de papisme.

A côté de la Haute et de la Basse Eglise, un autre courant fait son apparition dans l'anglicanisme à partir du milieu du siècle : c'est l'Eglise large ou *Broad Church*. Ici le point de départ est à chercher dans la commotion provoquée par la pénétration de la critique historique dans le domaine des études religieuses. Importée d'Allemagne, la critique biblique était basée sur un principe simple : traiter les textes sacrés comme n'importe quel texte de l'histoire profane en leur appliquant les mêmes méthodes scientifiques. La démarche, proprement révolutionnaire, aboutit bientôt à des révisions spectaculaires qui font scandale : le Pentateuque disséqué s'éparpille en morceaux hétérogènes et l'Evangile de saint Jean n'est plus appelé que le « Quatrième Evangile ». Du coup les dogmes les mieux établis paraissent chanceler. Ne va-t-on pas voir s'effondrer les bases de la révélation, et avec elles tout le christianisme ? C'est pour répondre à ces angoissantes questions qu'un certain nombre d'anglicans libéraux décident de procéder à un réexamen rigoureux de l'enseignement traditionnel de l'Eglise. Leur but est de déterminer ce qui peut et doit être gardé, en abandonnant tout ce qui à la lumière de la critique biblique est devenu caduc et insoutenable. Un tel esprit « moderniste » vaut aux tenants de cette position latitudinaire (de là vient le nom d'Eglise « large ») de furieuses dénonciations de la part tant des anglo-catholiques de la *High Church* que des évangélistes de la *Low Church*. En particulier le livre intitulé *Essays and Reviews* (1860) où sont résumées les vues des novateurs déchaîne des polémiques sans fin.

A la même époque une troisième controverse fait rage. C'est le grand débat entre la science et la croyance. Préparé depuis un quart de siècle par les découvertes des géologues mettant en doute les récits bibliques du déluge et de la création, le débat atteint son point culminant lors de la publication en 1859 du livre fameux de Darwin sur *L'évolution des espèces*. La question est posée dans toute sa brutalité : y a-t-il incompatibilité entre les découvertes de la science et les données de la foi ? La bataille n'agite pas seulement le monde intellectuel. Elle gagne tous les milieux, se répercutant notamment chez les ouvriers radicaux parmi lesquels l'audience du positivisme est aussi grande que le prestige de la science. Cependant, à côté des convaincus d'un camp ou de l'autre, cet affrontement laisse bien des esprits insatisfaits, en proie au scepticisme. Il semble que plus on étudie, plus le champ des incertitudes s'élargit. Et Tennyson se fait l'écho de beaucoup d'âmes inquiètes, lorsqu'il affirme trouver « plus de foi dans un doute honnête que dans la moitié des croyances ».

Chapitre III

LA NOUVELLE CIVILISATION INDUSTRIELLE

I. — Villes et campagnes

Vers 1845 un événement capital prend place sans bruit en Angleterre. C'est le renversement de l'équilibre démographique et social ancien : le chiffre des habitants des villes commence à l'emporter sur celui des campagnes. La condition urbaine prend le pas sur la condition rurale.

Néanmoins on a parfois trop tendance à privilégier l'urbanisation. Car dans ce pays gagné par l'industrialisation près de la moitié de la population est encore rurale en 1851. Le recensement de cette année-là montre que ce sont les ouvriers agricoles qui forment le groupe professionnel le plus nombreux du pays. Les personnes employées dans l'agriculture, qui constituaient le quart de la population active en 1831, en représentent encore près du cinquième en 1861. La « vieille Angleterre » est donc loin d'avoir disparu et il ne faudrait point l'enterrer prématurément. D'ailleurs elle a réussi, même réduite en nombre — mais guère en superficie —, à se maintenir jusqu'à aujourd'hui.

De plus les campagnes ont beau se dépeupler, la civilisation rurale continue de tenir une place centrale dans la société, les mentalités et la culture. Le vieil ordre des champs est toujours dominé par la trilogie traditionnelle : en haut de la pyramide sociale, les propriétaires fonciers — *squires* de la *gentry* ou grands seigneurs —, le clergé, les notabilités — médecins, avoués — du bourg ou du village ; au centre, la classe des fermiers ; en bas, le prolétariat des journaliers agricoles et des domestiques, qui ont en commun d'être dépourvus de terre et de vivre d'une existence précaire. C'est parmi ces derniers que l'exode rural exerce le plus fortement ses effets par des migrations s'opérant généralement à courte distance vers les centres industriels voisins.

Jusque vers 1875 la société rurale traditionnelle est assez bien parvenue à préserver sa stabilité. La vie des hameaux et des villages se poursuit à son rythme ancestral. Loin que le libre-échange ait sonné le glas de l'agriculture, les années prospères d'après 1850 sont des années fort brillantes pour les producteurs ruraux grâce aux méthodes de *high farming* et à la demande soutenue du marché. L'agronome français Léonce de Lavergne constate, lors de sa visite en 1854 : « L'agriculture anglaise, prise dans son ensemble, est à ce jour la première du monde, et elle marche vers de nouveaux progrès. » Depuis la révolution agricole les campagnes présentent en effet des caractéristiques stables : régime de grande propriété, exploitations assez vastes, prédominance de l'élevage et des prairies, utilisation intensive des machines et des engrais, réinvestissement des bénéfices et niveau élevé de la productivité. Toutefois à la fin des années 1860 la population rurale cesse définitivement de croître en chiffres absolus, et à partir de la dépression agricole de 1873-1879, l'Angleterre rurale entre dans une période noire.

Mais, si les campagnes prolongent le passé, ce sont les villes qui représentent le mouvement, le progrès, l'avenir. Le processus d'urbanisation en cours depuis la fin du XVIIIe siècle se traduit par une expansion extrêmement rapide des agglomérations industrielles et commerciales. Alors qu'en 1801 on ne comptait qu'une seule ville de plus de 100 000 habitants — Londres — on en compte 10 en 1851, et 20 en 1881. Manchester, qui en 1831 avec ses 180 000 habitants a déjà doublé depuis le début du siècle, double encore de 1831 à 1871. Liverpool et Glasgow, peuplées chacune de 200 000 personnes en 1831, atteignent en 1871 respectivement 550 000 et 520 000. Entre 1821 et 1881 Birmingham quadruple, passant de 100 000 à 400 000 habitants. Newcastle progresse de 50 000 en 1831 à 200 000 en 1901.

Parallèlement se multiplient les villes moyennes. Car la ville industrielle typique du XIXe siècle — la cité noire enfumée, aux petites maisons de brique toutes pareilles — est une ville moyenne qui compte entre 25 000 et 75 000 habitants. Ainsi en va-t-il des centres cotonniers du Lancashire (Blackburn, Bolton, Oldham), des villes lainières du Yorkshire (Halifax, Huddersfield autour de la capitale : Bradford), des villes de la métallurgie et de l'industrie mécanique dans les Midlands (Wolverhampton), des centres des « Poteries » dans le Staffordshire, des agglomérations des bords de la Clyde ou de la Tyne. De leur côté les districts miniers forment un monde à part, parfois semi-rural. A côté subsistent par centaines les calmes petites villes traditionnelles, notamment dans tout le sud de l'Angleterre : villes cathédrales comme Salisbury, Winchester, Cantorbéry, villes universitaires comme Oxford et Cambridge, villes-marchés, villes d'eau et stations balnéaires, sans oublier les bourgs ruraux sur le modèle du « Barchester » de Trollope, qui possède « deux fontaines, trois hôtels, dix boutiques, quinze débits de bière, un bedeau et une place du marché ».

Quant à *Londres*, « Reine des Cités », c'est une métropole gigantesque qui occupe une position tout à fait exceptionnelle. Le port, le premier du monde, voit affluer les marchandises et les navires venus de tous les coins du globe. La Cité, centre nerveux de la finance et du capitalisme, commande le fonctionnement du marché mondial. De Westminster le gouvernement de Sa Majesté régit le royaume et l'Empire. Tout autour sur des kilomètres se déploie une agglomération à la croissance indéfinie. Elle s'étend sans cesse le long de la Tamise, monte à l'assaut de Highgate et Hampstead vers le nord, des collines du Surrey vers le sud. Tandis que s'édifient les nouveaux quartiers élégants du *West End* (Kensington et Bayswater) la population ouvrière s'entasse dans les petites maisons des quartiers misérables de l'*East End* vers Whitechapel, Bethnal Green, Limehouse, Poplar, West Ham, et au sud de la Tamise de Battersea à Greenwich.

Londres draine la population des comtés ruraux du Sud, mais aussi les Ecossais et les Irlandais essayant d'échapper à la misère ; les étrangers y accourent, certains pour y trouver un refuge politique, de Louis Blanc à Karl Marx, de Herzen à Jules Vallès. A la fin du siècle arrivent en masse des juifs fuyant les pogroms de l'Empire russe. Aux alentours de 1870 le chiffre de la population est grossi chaque jour de 300 nouveaux arrivants dont la migration vient s'ajouter au produit de l'excédent naturel.

De 1801 à 1851 la population a passé de 900 000 habitants à 2 400 000. Elle atteint près de 4 millions en 1881 et l'agglomération en 1901 dépasse 6 millions et demi de personnes. Première ville de l'univers par le nombre d'habitants, loin devant Paris, Vienne, Berlin, New York, la capitale affirme orgueilleusement sa primauté politique, économique, culturelle. Un document officiel comme le recensement de 1871 adopte un ton lyrique pour décrire « la métropole de l'Empire, ... le siège de la Législature, le premier Foyer de la Justice, de la Médecine et de la Religion, le Théâtre des Beaux-Arts et des Sciences, le grand centre de la Société, l'emporium du Commerce, l'entrepôt de l'Angleterre, le grand Port de la mer » (1).

(1) *Report of the Census, 1871 ; Accounts and Papers*, 1873, LXXI (II), p. XXXIV.

Après la grande œuvre de planification urbaine entreprise sous la Régence et au temps de George IV, la construction des nouveaux quartiers victoriens s'effectue principalement sous l'emprise de l'initiative locale et privée. C'est une période bénie pour les entrepreneurs-spéculateurs *(speculative builders)*. Toutefois quelques opérations à programme prennent place en vue d'embellir la capitale. La plus prestigieuse est au début du règne de Victoria l'aménagement de Trafalgar Square, hommage à la grandeur navale de l'Angleterre : au centre de la place la statue de Nelson se dresse au sommet de sa colonne entourée de quatre lions symboles de la puissance britannique. Pour la première fois on construit des quais le long de la Tamise. Le Parlement, détruit dans un incendie en 1834, est rebâti somptueusement : le nouvel édifice en style gothique, œuvre de Barry et Pugin, déroule une magnifique perspective en bordure de la Tamise. Cependant on n'accorde pas moins d'attention aux gares, qui sont comme les temples de la nouvelle civilisation. Pour Euston Station est adopté un style à l'antique avec propylées doriques, mais c'est l'architecture fonctionnelle qui prévaut à Paddington Station et à King's Cross, dans ce dernier cas agrémentée en outre d'une tour à l'italienne. St Pancras Station reçoit un somptueux décor gothique, tandis qu'à Charing Cross la structure ogivale se combine avec des arches piranésiennes en bordure de la Tamise.

Londres étonne tous les visiteurs étrangers par ses extraordinaires contrastes sociaux. Des abîmes de misère côtoient le luxe le plus éclatant. Il n'est pas besoin d'aller chercher les *slums* dans l'*East End* : à deux pas des palais et des riches demeures du *West End*, au cœur même de la capitale, on trouve les sordides *rookeries* — littéralement les « nichoirs à corbeaux » —, où s'entasse une population hâve et en guenilles. Gustave Doré a gravé en images terribles le spectacle de cour des miracles que présentent les bas-fonds de la capitale. A Londres, ville des extrêmes, fleurissent la criminalité et la prostitution tout autant que le labeur de « l'artisan respectable », l'aisance du *City clerk* (employé de la Cité) ou l'immense richesse des magnats de la finance et du commerce. Là se rencontrent toutes les opinions, toutes les croyances, toutes les idées. Selon le mot d'un enquêteur célèbre, Mayhew, c'est « à la fois l'emporium du crime et le palladium du christianisme ». Londres, ville de la réussite matérielle et du triomphe de la marchandise, cité de l'ascension sociale aussi bien que des pires déchéances, symbolise à la perfection le libéralisme dans sa phase d'apogée.

II. — La foi dans le progrès

On pourrait placer toute la période du victorianisme triomphant sous le règne de trois adjectifs alors en pleine vogue : *steady* (solide), *earnest* (sérieux) et *respectable*. Parmi ces qualificatifs jugés révélateurs des vertus de la race, le premier évoque les qualités de fermeté, de stabilité, de persévérance. Il dessine les traits d'un caractère viril, régulier, volontaire, qui ni ne cède ni ne fléchit, qui ne se laisse point détourner de la voie qu'il s'est tracée. Avec le terme *earnest*, c'est tout le « sérieux » victorien qui surgit, en réaction contre le dilettantisme, le libertinage et la frivolité superficielle de la période précédente : à l'image de la classe moyenne qui a imposé sa conception de l'existence, grave, réfléchie, efficace, au lieu de l'oisiveté aristocratique. Pour ces bourgeois rassis et austères, on n'est pas sur terre pour s'amuser, mais pour remplir la tâche à laquelle on est appelé. Le ciment de la société est fait de vertu et de discipline. Enfin la notion de *respectabilité* constitue une troisième valeur clef de l'Angleterre du XIXe siècle. Bien entendu le concept est directement relié à celui de hiérarchie sociale : une hiérarchie reconnue, acceptée, valorisée. D'où le respect qui est inculqué aux humbles vis-à-vis de leurs supérieurs *(their betters)*. On enseigne que respectabilité et richesse vont de pair. Inversement la pauvreté, qui en bonne doctrine libérale est signe de paresse et de laisser-aller, n'apparaît que comme une source de honte.

Tom Brown apprend à Oxford qu'elle est « un déshonneur pour un Britannique » et Bulwer Lytton constate : « Dans d'autres pays être pauvre est un malheur, chez nous c'est un crime » (1). Au cours de ses voyages en Angleterre Taine s'applique à trouver une définition de « ce mot si essentiel : *a gentleman* ». Le terme, dit-il, « rassemble les traits distinctifs de la classe supérieure... une fortune indépendante, un train de maison, une certaine tenue extérieure, des habitudes de luxe et d'aisance... une éducation libérale, des voyages, de l'instruction, de bonnes façons, l'usage du monde ». Mais en même temps un vrai *gentleman* est « chrétien, de cœur viril... un homme digne de commander » (2).

Toutefois dans l'idée de respectabilité, il n'y a pas seulement la notion de hiérarchie sociale. Le concept s'est enrichi d'une connotation morale. Il s'agit d'élever l'être en l'arrachant à tout ce qui est bas et dégradant. Ainsi peut-on mériter le respect de soi-même *(self-respect)* et progresser dans la hiérarchie morale. En ce sens, les travailleurs manuels, artisans ou ouvriers, peuvent eux aussi accéder à la respectabilité. « Devenir respectueux et respectés » *(respectful and respected)*, proclame comme ambition le syndicat des charpentiers en 1860. A l'école, dans la presse, au sermon, on oppose sans cesse la sobriété à l'alcoolisme, le sens de l'épargne à la pro-

(1) T. Hughes, *Tom Brown at Oxford*, 1861, chap. V, et Bulwer Lytton (c'est l'auteur des *Derniers Jours de Pompéi*), *England and the English*, 1833, p. 33. Emerson dans *L'âme anglaise (English Traits)* fait avec étonnement la même observation. Il rappelle le mot de Sydney Smith « la pauvreté est infamante » et note l'expression « la grave déchéance morale qui accompagne une bourse vide » (Paris, Edition bilingue, 1934, p. 96).

(2) H. Taine, *Notes sur l'Angleterre*, 1872, p. 194-196. A comparer avec le commentaire impertinent d'Oscar Wilde en réaction contre les préjugés de son monde : « Si un homme est un *gentleman*, il en sait toujours assez ; s'il n'est pas un *gentleman*, tout ce qu'il sait ne peut qu'être mauvais pour lui. »

digalité, la sage gestion à l'habitude des dettes, la propreté à la crasse, la discipline au désordre. Les vertus d'initiative et d'indépendance, de travail et de tempérance sont exaltées dans l'un des *best-sellers* du siècle, le livre de Samuel Smiles, intitulé *Self-Help* (1859), sorte de précis de l'éthique industrielle à l'usage des ouvriers : 20 000 exemplaires sont vendus en un an et plus de 250 000 dans les 40 années suivantes.

Valeurs dominantes, les valeurs bourgeoises pénètrent donc sans rencontrer beaucoup de résistance dans les autres classes. L'aristocratie, tout comme les milieux populaires, est contrainte par la pression sociale de se conformer aux canons et aux tabous de la classe moyenne. On s'explique alors l'extraordinaire optimisme dont fait preuve la bourgeoisie. Car sa réussite psychologique s'avère encore plus remarquable que sa réussite matérielle. Après la période sombre et troublée des guerres napoléoniennes, du romantisme, des prédictions de Malthus, c'en est fini du pessimisme. Dès les années 1830 le climat est à la confiance : confiance des utilitariens pleins de certitude dans la « marche en avant de l'esprit » *(March of Intellect)*, mais confiance aussi de Carlyle dans le « progrès de l'homme vers des développements nobles et élevés ». Symbole de cette note d'espoir, « le Phénix s'élève dans les airs, plane avec ses ailes étendues et remplit la Terre de sa musique » (1). C'est la même philosophie de l'histoire que développent Stuart Mill, Spencer, Morley, Frederic Harrison. Pour les positivistes comme pour Carlyle l'humanité accomplit une montée continuelle qui la conduit vers le bonheur parfait. En effet, à leurs yeux, il est tout à fait possible, grâce à la maîtrise

(1) T. Carlyle, *Sartor Resartus*, liv. III, chap. VII.

des lois sociologiques, de reconstruire la société sur une base scientifique. Chez Spencer cette croyance aboutit à un véritable scientisme. Puisque l'évolution adapte l'espèce à l'environnement, la vie animale va se transformer de plus en plus en vie sociale. Dans le chapitre intitulé avec optimisme « Du caractère éphémère du mal » de sa *Social Statics*, Spencer va jusqu'à écrire : « Le progrès n'est pas un accident, mais une nécessité » et à proclamer sa certitude absolue que « le mal et l'immoralité disparaîtront... l'homme deviendra parfait ».

Dans cette tâche grandiose à laquelle l'humanité est appelée, les Victoriens ont une autre conviction. C'est que la Providence a attribué à l'Angleterre une mission privilégiée dans l'évolution de l'espèce. Race prédestinée, peuple choisi, les Anglais ont déjà fait la preuve de leur maîtrise dans l'utilisation des talents qui leur ont été confiés. N'ont-ils pas été les premiers à retenir la leçon donnée par leur éminent compatriote Bacon, « on ne conquiert la nature qu'en lui obéissant » ? Comme l'écrit Kingsley, il leur reste à « mener à bien la tâche glorieuse que Dieu a assignée à la race anglaise, celle de peupler la Terre et de la soumettre » (1). Le nationalisme est ainsi mis au service du progrès et réciproquement, tandis que Dieu est appelé à la rescousse pour bénir la volonté de puissance. Dans la glorification de la grandeur historique de l'Angleterre et de ses apports à la civilisation, nul n'a été plus éloquent que Macaulay, chantre des progrès de la liberté et de l'industrie et porte-parole de la conception *whig* de l'histoire (il popularise celle-ci dans sa célèbre *Histoire de l'Angleterre*, parue de 1849 à 1855, dont le retentissement est immense).

(1) C. Kingsley, *Scientific Lectures and Essays*, p. 308.

Ses vues, exposées à maintes reprises, exaltent « le peuple le plus grand et le plus hautement civilisé que la Terre ait porté ». Selon Macaulay, par leur génie les Anglais « ont étendu leur domination sur toutes les parties du globe... créé une puissance navale qui annihilerait en un quart d'heure les flottes réunies de Tyr, Athènes, Carthage, Venise et Gênes, développé la médecine, les moyens de locomotion et de correspondance, les arts mécaniques, la manufacture et tout ce qui favorise la commodité de l'existence, jusqu'à un point de perfection que nos ancêtres auraient jugé magique ». Aussi peut-on conclure que « l'histoire de l'Angleterre est positivement l'histoire du progrès » (1).

(1) T. B. Macaulay, *Critical, Historical and Miscellaneous Essays*, 1843, t. III, p. 279. Le texte est de 1835.

Chapitre IV

TRIOMPHE DU LIBÉRALISME

I. — L'idéologie libérale

« A la cause grandiose de la Liberté,
Et à ce nom aussi grandiose, l'Angleterre,
Amis, ensemble à la ronde levons nos verres ! »

Ce passage d'un poème très populaire de Tennyson (1) résume bien l'association d'idées, qui unit chez les Anglais libéralisme et patriotisme. Comme l'a souligné Elie Halévy, tout le monde considère que le libéralisme est intimement lié à la solidité des institutions. Il est vrai que l'idéal de liberté — liberté des individus, liberté des groupes, liberté de la nation — s'enracine dans une tradition politique ancienne. Mais il ne correspond pas seulement à une aspiration partout répandue, il est devenu un véritable instinct national. Et l'on voit en lui une seconde nature. L'attachement au libéralisme s'est en outre renforcé au fur et à mesure que les réformes ont étendu le domaine déjà vaste des libertés. En voyant briser une à une les barrières des contraintes personnelles, on juge encore plus pesantes celles qui subsistent encore. Enfin l'idéologie libérale bénéficie de l'immense influence de la philosophie utilita-

(1) A. Tennyson, Hands All Round, 1852, in *Poems*, Macmillan, édit, 1908, t. II, p. 323.

rienne de Bentham et de ses disciples. Au cours des années 1830 l'idéal utilitarien du « plus grand bonheur pour le plus grand nombre » imprègne presque tous les milieux.

L'autre impératif, la maxime *laissez faire, laissez passer* prétend régir la circulation des idées autant que celle des marchandises. Car pour les grandes voix libérales, Cobden, Bright, Stuart Mill, les diverses formes de la liberté sont indissociables. Liberté de pensée et liberté de parole, liberté religieuse et liberté de la presse, liberté de l'entreprise et liberté de la concurrence, liberté du travail et libre-échange, toutes ces libertés vont ensemble. A la place des vieilles contraintes politiques et des anciennes réglementations économiques, il faut émanciper, affranchir, libérer. C'est dans la libre exploitation de ses ressources propres que chaque individu peut non seulement trouver la voie de l'épanouissement et du bonheur personnel, mais contribuer à la richesse collective et au bien commun. Par conséquent l'intervention de l'Etat, qui porte toujours avec elle le danger de tyrannie, doit être réduite au minimum indispensable et chacun doit développer sans entrave ses capacités et ses talents. Le conseil que Cobden donne aux ouvriers pour les détourner de l'idée d'une législation du travail, « Regardez non vers le Parlement, mais vers vous-mêmes », est d'application universelle. Le credo de l'initiative individuelle règne en maître. Il faut compter sur soi et non sur la puissance publique.

Personne n'a exprimé avec plus de conviction que Stuart Mill cette foi dans la vertu de la liberté. Celle-ci est en effet le seul gage d'accès à la vérité, par la libre confrontation des esprits dans le respect de la diversité des opinions et des croyances, sans faire la moindre violence à autrui. Contre les dangers du totalitarisme, le livre de Stuart Mill, *On Liberty* (1859), sorte de condensé de l'évangile libéral, contient des affirmations définitives : « Ce n'est pas la lutte violente entre les diverses parties de la vérité qui est le mal redoutable, mais bien la suppression tranquille d'une moitié de la vérité. Il y a toujours de l'espoir quand les hommes sont obligés d'écouter les deux côtés. » Car, poursuit Mill, à la recherche de la vérité : « on n'a de chance de la connaître en entier que par la collision des opinions adverses » (1). C'est exactement dans les mêmes termes qu'un autre doctrinaire du libéralisme, Palmerston, s'était exprimé quelques années plus tôt. Usant lui aussi de l'image de la collision entre opinions contraires, il déclarait : « c'est en frottant les opinions les unes contre les autres et en voyant celle qui résiste le mieux à la friction » que l'on découvre ce qui en fin de compte est le plus avantageux pour la collectivité (2). Entrée dans les mœurs, la tolérance est devenue une vertu cardinale de l'Angleterre.

Dans la confrontation des idées la presse joue un rôle croissant. Selon l'expression célèbre de Macaulay, elle constitue bien « le quatrième Etat du royaume » *(the fourth estate of the realm)*. Les journaux, qui en majorité sont des organes d'opinion, répandent la connaissance des affaires publiques et stimulent les discussions. Par là ils contribuent à la lente démocratisation du pays. (On peut se demander par exemple ce que serait devenu le mouvement chartiste sans le *Northern Star*, le grand journal de O'Connor, dont le tirage atteignait régulièrement 50 000 numéros et qui a joué un rôle décisif dans la diffusion des mots d'ordre chartistes.) Il n'existe aucune censure. Les journaux ne peuvent être poursuivis qu'une fois imprimés et dans des cas bien précis : publications séditieuses, blasphème ou diffamation. Les poursuites sont d'ailleurs

(1) J. Stuart Mill, trad. franç. *La liberté*, 1864, p. 185-186.
(2) Cité par D. Thomson, *England in the XIXth Century*, 1950, p. 226.

extrêmement rares. Le droit de timbre *(stamp duty)*, qui avait été relevé en 1815 à quatre pence par exemplaire, est abaissé à un penny en 1836 et totalement supprimé en 1855 pour l'anniversaire de la Grande Charte. En 1861 c'est au tour des droits sur le papier *(paper duty)* d'être abolis.

Grâce à l'abaissement de prix et à l'augmentation de la demande du public, la circulation des journaux augmente considérablement. Elle passe d'un total annuel de 33 millions d'exemplaires en 1829 à 70 millions en 1850. En tête se situe le plus grand et le plus prestigieux des quotidiens, le *Times*. Son tirage, qui était de 10 000 exemplaires en 1834, s'élève à 40 000 en 1854 et à 70 000 en 1861. A cette date le numéro coûte trois pence au lieu de sept pence vingt-cinq ans plus tôt. Par son poids intellectuel, politique et moral, le *Times* donne le ton à l'opinion. Sans représenter ni un parti ni un « *interest* » déterminé, il exprime les vues et les intérêts de la classe dirigeante : « il se targue d'incarner et de formuler, et dans une large mesure il incarne et il formule, l'opinion courante de toutes les sections intelligentes et informées de la communauté britannique » (1). De diffusion beaucoup plus restreinte mais d'influence non négligeable, le *Manchester Guardian* libéral tire à 10 000 exemplaires. Egalement libéral, le *Daily Telegraph*, créé en 1855, réussit en faisant appel à la publicité à abaisser son prix à un penny et à atteindre un vaste public : en 1861 il vend chaque jour 150 000 numéros, et l'année suivante il absorbe le *Morning Chronicle*. De son côté le *Daily News*, de tendance radicale, a commencé de paraître en 1846 sous la direction de Dickens. « Fleet Street » est devenue une puissance avec laquelle il faut de jour en jour compter davantage.

Une autre caractéristique de ces progrès, c'est le développement d'hebdomadaires semi-politiques, fort lus et très influents dans la classe moyenne. *Punch*, lancé en 1841 sur le modèle du *Charivari* français, connaît un succès immédiat. Tirant à 30 000 exemplaires, il exprime la quintessence du victorianisme. C'est ainsi que, assisté par le talent de deux grands caricaturistes, Leech et Doyle, il se pique de provoquer à chaque numéro des centaines de milliers d'éclats de rire dans les familles sans jamais faire rougir les joues d'une seule jeune fille ! Contemporains de *Punch* sont l'*Illustrated London News* (1842) qui tire à 100 000 exemplaires et les *News of the World* (1843), journal non moins respectable avec ses 56 000 numéros.

(1) J. Walsh, *The Practical Results of the Reform Act of 1832*, 1860, p. 98.

L'*Economist* commence à paraître en 1843 comme organe du manchestérianisme (Bagehot en prendra la direction de 1860 à 1877, lui assurant une brillante destinée). Dans les milieux populaires le radical *Reynold's Weekly* atteint vers 1860 l'énorme tirage de 350 000 et contribue chaque semaine à façonner les mentalités ouvrières dans un sens démocratique et revendicatif. Enfin les influentes revues trimestrielles de critique littéraire et politique, en existence depuis le premier quart du siècle, l'*Edinburgh Review* de tendance *whig* (1802), la *Quarterly Review*, d'inspiration *tory* (1809), la *Westminster Review* radicale (1824) se mettent à céder du terrain dans le dernier tiers du siècle devant une formule encore inédite, les livraisons mensuelles. Trois grandes publications, grâce à un ensemble fourni d'articles politiques, philosophiques, littéraires et religieux, inaugurent un demi-siècle de domination intellectuelle : la première, la *Fortnightly Review* libérale-radicale est fondée en 1865 ; elle est suivie de la *Contemporary Review* conservatrice en 1866, puis du *Nineteenth Century* libéral en 1877.

II. — Les partis et la prépondérance des libéraux

Entre 1830 et 1874, c'est-à-dire sur un espace de 44 années, les libéraux ont tenu les rênes gouvernementales pendant 35 ans. A l'inverse les conservateurs, à part la période brillante et féconde du ministère Peel (1841-1846), se sont trouvés réduits à une position subordonnée, en général dans l'opposition. Cette ère si faste pour le libéralisme contraste donc de manière frappante avec la primauté conservatrice à la fin du siècle.

C'est à partir de 1832 que les vieux noms des partis, *tories* et *whigs*, ont commencé à être abandonnés au profit des nouvelles appellations de *conservateurs* et de *libéraux*. Cette modernisation des étiquettes est à l'image de la modernisation de tout le système politique. Jusque-là les partis traditionnels consistaient en groupements plutôt hétéroclites de familles, d'intérêts et de clientèles, et leurs contours restaient fort indécis. Si après le *Great Reform Bill* la vie parlementaire continue d'être dominée par les grandes familles de l'aristocratie *whig* ou *tory*, une évolution sensible se dessine dans l'organisation des partis.

Trois phases successives sont à distinguer. Tout d'abord de 1832 à 1846 chacun des deux partis tend à se structurer intérieurement et à se définir en termes plus doctrinaux. Bien que la personnalité des hommes joue toujours un rôle primordial, les indécis disparaissent. Sans être le moins du monde régis par une idéologie et sans qu'il existe de réelle discipline, les députés dans chaque camp se classent de plus en plus en fonction d'une certaine ligne politique. Par suite de la nouvelle obligation d'inscrire les électeurs sur des listes électorales, il est nécessaire d'entretenir à la base dans les circonscriptions un embryon d'armature politique. A la tête du parti un début d'appareil autour des leaders élabore des directives afin de coordonner la stratégie soit au plan électoral soit au plan parlementaire. La séparation entre majorité et opposition est nettement plus tranchée que par le passé. Aussi l'alternance au pouvoir est-elle pratiquée avec netteté : de 1832 à 1841 ce sont les libéraux qui gouvernent, sous la direction des grands seigneurs *whigs* (Grey, puis Melbourne) et avec l'appui en général des radicaux de la bourgeoisie, tandis que les conservateurs faute de majorité ne parviennent point à ressaisir le pouvoir. Par contre les élections de 1841 renversent le courant et amènent au gouvernement une équipe conservatrice dirigée par Peel. Les divisions à Westminster se prolongent en profondeur dans le pays, car l'opposition politique entre conservateurs et libéraux est relayée sur le plan social et religieux : les premiers s'appuient sur l'aristocratie foncière et l'Eglise anglicane, les seconds sont soutenus par la classe moyenne des manufacturiers et des négociants et par l'ensemble des sectes non-conformistes.

En 1846 intervient un événement qui arrête pour des années le processus en cours en inaugurant une phase de flottement et d'instabilité : c'est la conversion de Peel et d'une partie de ses supporters au libre-échange. En effet la décision d'abroger les *corn laws* provoque la cassure du parti conservateur : d'un côté se rangent, derrière Derby et Disraëli, les éléments intransigeants, fidèles soutiens du protectionnisme et de la propriété foncière ; de l'autre les « peelistes » forment un tiers parti, condamné à s'allier aux libéraux sur les questions importantes. Mais du même coup il n'y a plus de majorité sinon par coalition, et le système politique britannique perd sa belle stabilité. Après le ministère Russell de 1846 à 1852, une série de gouvernements se succèdent dans les années 1850. Le régime des partis lui-même semble se dérégler. La plupart du temps les libéraux (qui absorbent peu à peu les « peelistes ») sont à la tête des affaires, en particulier sous l'égide de Palmerston de 1855 à 1858 et de 1859 à 1865.

Après 1867 le processus d'organisation des partis reprend. En une douzaine d'années un grand pas en avant est accompli : les partis en sortent solidement structurés et disciplinés. Mais alors que dans la période de 1832 à 1846 ce travail s'était fait surtout au sommet (développement de groupes homogènes à l'intérieur du Parlement) et relativement peu à la base (sinon par le canal des agents électoraux), maintenant le mouvement va beaucoup plus loin à deux niveaux. D'une part sur le plan local se fondent dans chaque circonscription au cours des années 1870 des associations d'abord libérales, puis conservatrices. D'autre part ces associations se fédèrent sur le plan national, ce qui aboutit à conférer à chaque parti le caractère d'une grande machine hiérarchisée et rigide : la Fédération nationale libérale, surnommée le *Caucus*, créée en 1877, régit le parti libéral ; quant à l'Union nationale des Associations conservatrices, apparue dès 1867 et vigoureusement tenue en main par les leaders, elle acquiert vers 1880 un rôle majeur dans la vie politique.

III. — Deux leaders : le magicien et le prédicateur

Le régime libéral et parlementaire a été incarné dans la deuxième moitié du XIXe siècle par deux figures antagonistes : Disraëli et Gladstone, qui ont été érigées par les historiens ainsi que par les contemporains en symboles de la vie politique anglaise. A la vérité l'affrontement entre les deux hommes va bien au-delà des joutes oratoires entre deux debaters de première force, au-delà même du combat entre conservateurs et libéraux et de l'alternance au pouvoir des deux partis. La clef de l'opposition entre les deux adversaires, c'est que chacun d'eux représente en propre une philosophie politique.

Pour Disraëli, esprit imaginatif et fertile en ressources, toujours aux aguets, perpétuellement virevoltant, la politique prend rang parmi les beaux-arts. Lui-même en est le virtuose. Son tempérament d'artiste excelle autant dans le jeu parlementaire que dans la création romanesque. Son génie du verbe et de la *combinazione* sait si bien contourner les obstacles et parfois les escamoter comme par un coup de baguette que « Dizzy » s'est mué en magicien de l'Angleterre victorienne. Mais le personnage de dilettante passionnément ambitieux, teinté de couleurs orientales, qui prévalait dans sa jeunesse a su dans son âge mûr intégrer jusqu'au bout des ongles la tradition nationale et la faire servir à sa politique, au point qu'il a réussi à devenir plus encore que le leader du parti conservateur : son théoricien et son guide.

Benjamin Disraëli, né en 1804 à Londres dans une famille juive de la bourgeoisie, a tenté d'abord sa chance du côté de la littérature en écrivant des romans. Se tournant ensuite vers la politique, il entre au Parlement en 1837 — l'année de l'avènement de Victoria. C'est alors un *tory* radical qui met en garde les possédants contre les dangers de l'égoïsme face à une angoissante question ouvrière, puis il devient l'un des porte-parole de la *Jeune Angleterre*, mouvement romantique et idéaliste qui a pour ambition de réconcilier la monarchie et l'Eglise avec le peuple. Après la défection de Peel converti au libre-échange, Disraëli, se saisissant de l'étendard conservateur, défend avec acharnement, en même temps que les *corn laws*, les droits et les intérêts de l'aristocratie foncière. Son étoile monte dans le parti, où il joue un rôle de plus en plus influent aux côtés de Derby, le leader nominal. En 1868, lorsque celui-ci se retire, Disraëli lui succède à la fois comme leader conservateur et comme Premier Ministre (on l'entend alors murmurer « Oui, j'ai grimpé au sommet du mât de cocagne ! »). Cette première phase au pouvoir ne dure pas, mais il y revient pendant six ans de 1874 à 1880. Dans l'intervalle il a formulé les principes destinés à guider à l'avenir le parti conservateur. La doctrine de Disraëli, baptisée le « torysme démocratique », se résume en trois points : la Constitution, qui est basée sur les deux grandes forces de stabilité, de concorde et d'expérience, la Couronne et l'Eglise ; le soutien loyal des masses populaires (en échange l'Etat doit avoir à cœur le bien-être du peuple et réaliser des réformes sociales hardies) ; enfin l'Empire dont Disraëli se fait le champion et le héraut : « *Imperium et libertas* ». Anobli en 1876 avec le titre de Lord Beaconsfield, Disraëli meurt en 1881.

Par comparaison la carrière de William Gladstone (1809-1898) est beaucoup plus longue et plus riche en réalisations : député en 1832, sous-secrétaire d'Etat en 1834, ministre en 1841, il a été Premier Ministre à quatre reprises (1868-1874, 1880-1885, 1886 et 1892-1894) — performance jamais égalée par aucun autre homme d'Etat britannique — et il n'a pris sa retraite politique qu'en 1894, ce qui ne l'a pas empêché parallèlement d'écrire plusieurs ouvrages de théologie et de savants articles sur les poèmes homériques. Dans la mesure où les années d'activité publique de Gladstone ont coïncidé presque exactement avec le règne de Victoria, l'homme est devenu l'archétype du libéralisme victorien. Il en incarne à merveille la respectabilité vertueuse et digne, la raideur un peu compassée, l'esprit éminemment religieux et moralisateur. Son itinéraire, exactement inverse de celui de Disraëli, part de positions résolument conservatrices. Sous l'influence de Peel, Gladstone soutient le libre-échange, puis par la voie du « peelisme », il évolue peu à peu vers le parti libéral dont il devient le leader en 1866. En vieillissant il inclinera même de plus en plus nettement vers des positions radicales.

Mais toujours Gladstone a voulu placer son action sous le signe des principes. Orateur au verbe puissant et au talent consommé, il était capable de subjuguer les foules en faisant appel aux grandes valeurs, le Bien, le Droit, la Justice, la Vérité, qu'il enrôlait sous sa bannière. Dans les meetings populaires ou au Parlement, on le voyait, saisi d'inspiration sacrée, délivrer son message comme s'il parlait au nom de l'Eternel. Aussi était-il exaspéré par le cynisme et le manque de convictions de Disraëli (qui en revanche le taxait d'hypocrisie). Pour Gladstone la politique est la plus haute expression de la moralité. Un tel besoin de rectitude et de justification développe chez lui l'âme d'un prédicateur : effectivement il est bien le prédicateur du parti libéral, c'est-à-dire l'homme investi par la Providence d'une haute mission, celle de propager une doctrine aux exigences morales élevées et de faire progresser les principes chrétiens dans le monde.

Cependant au-delà du combat entre deux personnalités et deux partis, ce qui est peut-être le plus intéressant dans l'affrontement Disraëli-Gladstone, c'est le conflit symbolique entre deux conceptions et deux pratiques de la politique anglaise. Celle-ci en effet, tout au long de l'ère victorienne (et même bien au-delà), s'oriente selon deux directions divergentes : d'un côté c'est une bataille pour le pouvoir, où les principes comptent peu et où tout est subordonné aux calculs et aux manœuvres en vue de la réussite effective sans qu'on hésite à changer les normes et les théories dont on se réclame si l'intérêt le commande ; d'un autre côté c'est aussi un combat mené au nom d'idées, voire d'idéaux, qui expriment toute une conception de la société, de l'Etat et des rapports humains. La première attitude, qui va du simple pragmatisme (« l'art du possible ») à l'opportunisme délibéré, a été certainement illustrée par

Disraëli et, après sa mort, définie avec la plus grande netteté par son successeur Salisbury : « Il n'y a point de principes absolus en politique... Pratiquement tout se joue dans la mise au point et l'exécution du détail. » Au contraire la seconde attitude a correspondu incontestablement à la déontologie politique de Gladstone. Mais il ne faudrait pas pousser l'identification trop loin, car chacun des deux antagonistes a intégré dans son comportement des aspects de l'une et de l'autre attitude. En dépit de ses déclarations édifiantes, Gladstone, qui n'a échappé personnellement ni à l'ambition ni aux calculs, a toujours été un maître dans l'art de l'esquive et de l'ambiguïté, tandis que Disraëli, derrière des extérieurs cultivant à dessein le réalisme cynique, n'était dépourvu ni de principes ni de convictions.

DEUXIÈME PARTIE

CRISE ET MÉTAMORPHOSE DU VICTORIANISME

(1875-1900)

CHAPITRE V

MUTATIONS ET INTERROGATIONS

Dans le dernier quart du XIXe siècle la vie de l'Angleterre victorienne est centrée sur quatre grands débats. C'est autour d'eux que se déroulent presque toutes les luttes politiques, intellectuelles et sociales. Ce sont les données fondamentales constituant l'armature du développement national.

Le premier débat concerne la position de la Grande-Bretagne dans l'économie et la politique mondiales : la nation est-elle en mesure de poursuivre sa marche ascendante face à la concurrence des puissances rivales ? Les méthodes traditionnelles de production et d'échange sont-elles à réviser ? L'expansion impériale est-elle une nécessité vitale ? Quelle attitude adopter vis-à-vis de l'Irlande — la générosité habile du *Home Rule* ou le maintien indéfectible de l'Union par la force ?

Le second débat a trait à l'état social du pays : c'est le prolongement de la *Condition of England question*, si brutalement posée au temps où Victoria montait sur le trône. Puisque la misère « victorienne » persiste, et à une échelle aussi scandaleuse, le système capitaliste et libéral ne doit-il pas être corrigé, voire abrogé ? Car si le problème de la production de la richesse semble plus ou moins résolu, celui de sa distribution se pose en termes plus aigus que jamais.

De là on passe à la troisième grande affaire du pays : la démocratisation. Malgré les résistances venues d'en haut, la pression des idées démocratiques aboutit à une série de réformes politiques qui conduisent l'Angleterre du stade du libéralisme semi-aristocratique semi-bourgeois à un régime de semi-démocratie.

Quant au dernier débat, les progrès de la laïcisation et le recul des Eglises, il provoque, dans un climat de mutation intellectuelle et de crise des valeurs traditionnelles, une remise en cause de l'image de l'Angleterre chrétienne, ainsi que l'essor de nouveaux courants dans les mœurs, les idées, la vie littéraire et artistique.

Malgré tout une croyance reste profondément ancrée : la croyance dans la continuité du progrès — considéré comme une donnée inévitable. Nul n'a le sentiment d'une menace de décadence, encore moins de destruction. La paix paraît toujours garantie, et la puissance mondiale du Royaume-Uni ne fait de doute pour personne. Selon la formule classique, *Britannia rules the waves*. Tous néanmoins sentent que l'ère de la prépondérance assurée et confiante est parvenue à son terme et qu'il faut apprendre à vivre au milieu d'interrogations de jour en jour plus lancinantes.

I. — De la prééminence à la concurrence

A partir des années 1870 la situation de l'Angleterre dans le monde subit une profonde modification. Jusque-là le pays avait joui d'une suprématie sans rivale. Dorénavant, le Royaume-Uni doit compter avec la concurrence de nouveaux venus, au premier rang desquels l'Allemagne et les Etats-Unis. Ce qu'il peut espérer tout au mieux, c'est de garder une position de *primus inter pares*.

Tirant argument de ces données d'évidence, une interprétation historique fort répandue a voulu voir dans les difficultés économiques de la fin du siècle l'amorce du déclin britannique. A l'appui de cette thèse, on a invoqué d'abord les succès des rivaux de l'Angleterre, leur taux de croissance plus rapide, le dynamisme de leur économie, le modernisme de leur technologie, l'esprit d'entreprise et de conquête de leurs dirigeants. On a allégué aussi que la « grande dépression » avait eu des effets particulièrement funestes sur les performances anglaises. Il est bien vrai que de 1873 à 1896 la phase générale de baisse des prix atteint durement l'Angleterre, dont l'activité marchande est plus que d'autres sensible aux fluctuations de l'économie mondiale. D'autre part il est incontestable que les Britanniques ont eu tendance à se reposer sur leurs lauriers. De là les routines et les archaïsmes, l'absence d'esprit novateur, l'obsolescence des équipements, que l'on a tant mis en vedette et qui expliquent les difficultés à surmonter les problèmes de réadaptation à une concurrence inaccoutumée.

Par ailleurs, c'est un fait évident que, en raison de l'industrialisation des autres pays, la Grande-Bretagne non seulement ne peut plus bénéficier de la primauté d'antan, mais est inévitablement appelée à subir dans sa production et ses exportations le contrecoup des désavantages structurels de la nouvelle situation. Dans la mesure en effet où d'autres fabriquent à bon marché leurs propres textiles, leur propre fonte, leurs propres machines, la part britannique dans la production mondiale de ces objets ne peut que diminuer inexorablement. Encore faut-il mentionner que malgré cette diminution relative la place de l'Angleterre demeure éminente, puisqu'en 1900 les usines britanniques fabriquent encore le cinquième des produits manufacturés mondiaux et qu'en 1914 le commerce britannique représente encore le quart des échanges mondiaux de produits industriels. Pour bien mesurer les obstacles que doit affronter l' « atelier du monde », il importe d'établir des parallèles rigoureux — et fort délicats — de pays à pays, au lieu de comparer, comme on l'a fait parfois, les domaines les plus routiniers de la production anglaise avec les secteurs de pointe de l'étranger, tels que l'industrie allemande des colorants ou les machines-outils américaines.

Le problème de la productivité *(efficiency)* a été passionnément discuté, d'abord par les contemporains, puis par les historiens, sans qu'en réalité on soit en mesure d'arriver à des conclusions très affirmatives. Tout ce que l'on a pu argumenter sur la baisse de l'esprit d'entreprise, le ralentissement de l'innovation technique, la médiocrité des rendements, l'insuffisance de l'investissement, les lacunes de l'instruction scientifique et technique soit au niveau des universités, soit dans l'enseignement de masse, toutes ces analyses apparaissent fragiles et discutables. Par contre, ce qui est hors de doute, c'est le ralentissement du taux de la croissance industrielle jusqu'à 1896 (après cette date l'économie repart avec vigueur) et la médiocrité des progrès de la productivité. D'autre part la longue baisse des prix, outre qu'elle s'accompagne de violentes crises cycliques marquées par des taux de chômage qui sont parmi les pires du siècle, pèse lourdement sur les classes dirigeantes, atteignant par la chute de la rente et des profits aussi bien les propriétaires fonciers de l'aristocratie et les riches fermiers que les manufacturiers et les exportateurs. Devant la commission royale créée en 1885 pour enquêter sur les causes de la dépression, l'économiste néo-libéral Alfred Marshall reconnaissait l'existence d'une triple crise : « une dépression des prix, une dépression des taux d'intérêts, une dépression des profits », mais limitait ce diagnostic à ces trois secteurs (il est significatif que la dépression de l'emploi, frappant si implacablement les ouvriers, n'ait même pas été mentionnée). On s'explique aussi de cette manière qu'une période dont les effets néfastes ont directement touché les revenus des classes « supérieures » ait bénéficié d'une telle publicité et reçu l'étiquette (très controversée aujourd'hui) de « grande dépression ».

De plus, pour que l'on puisse juger valablement l'économie de la période *late-Victorian*, deux autres précisions concernant des secteurs essentiels, le revenu national et le mouvement du salaire, doivent être apportées. Entre 1873 et 1900 le revenu national enregistre une progression remarquable (sa croissance est plus rapide que pendant la première moitié du siècle et même qu'au temps de la « prospérité victorienne ») : en prix constants, il s'élève en effet de 857 millions de livres (£ 27 par personne) à 1 750 millions de livres (£ 43 par personne). Quant au salaire réel, il est lui aussi en hausse : d'une part les syndicats réussissent à défendre et même parfois à élever les salaires nominaux, d'autre part les prix de détail baissent. Aussi la progression est-elle d'au moins un tiers dans le dernier quart du siècle (à partir de 1900 au contraire le salaire réel entre dans une phase de stagnation). Par conséquent le niveau de vie moyen continue de s'élever au moins aussi rapidement que dans les années fastes de 1851 à 1873. La différence, c'est que maintenant les esprits sont plus éveillés et les consciences plus mal à l'aise devant les abîmes de misère et d'inégalité coexistant avec cette richesse croissante. Car le fossé entre les classes, loin de se rétrécir, est aussi accusé que par le passé et les rares efforts pour corriger les écarts sociaux n'aboutissent qu'à des résultats dérisoires.

En dépit du malaise provoqué par la fin du primat de la Grande-Bretagne et par le fléchissement de la prospérité, la supériorité nationale demeure incontestée dans plusieurs domaines : ainsi la construction navale ou la production et l'exportation de charbon. La houille extraite du sous-sol britannique, qui était de 50 millions de tonnes en 1850, passe de 121 millions de tonnes par an en 1871-1874 à 227 millions en 1900-1904 : entre ces dernières dates, les quantités exportées s'élèvent de 12 millions à 44 millions de tonnes (soit un cinquième de la production totale au début du XXe siècle), tandis que le nombre des mineurs double (820 000 contre 440 000). La Grande-Bretagne triomphe aussi dans certaines industries lourdes (le procédé Thomas est inventé en 1879), dans l'industrie des armements (Vickers), la brasserie (Guinness, Bass), les produits pharmaceutiques (Beecham), les huiles et savons (Lever), les industries alimentaires (notamment les chocolateries Cadbury et Fry).

Malgré les difficultés de la conjoncture l'économie anglaise au cours des années 1875-1900 continue donc de connaître une expansion industrielle et commerciale conforme à sa trajectoire traditionnelle. Mais à côté il faut faire place à quatre traits nouveaux qui caractérisent en propre la fin de l'ère victorienne : à savoir les transformations de la structure du capitalisme, le rôle croissant des placements britanniques dans le monde, la crise de l'agriculture et les changements de la démographie.

Alors qu'au milieu du siècle le capitalisme libéral se définissait par un régime de complète concurrence, maintenant les dirigeants de l'industrie tendent à s'organiser pour sauvegarder les profits en limitant au contraire la compétition entre eux. En même temps que se développent la taille des unités de production et la concentration technique on assiste à des regroupements et à des ententes de producteurs qui forment des oligopoles de manière à dominer le marché. Le mouvement s'opère en trois stades : d'abord ce sont des associations entre industriels, au sein d'organisations professionnelles par branche d'industrie ; en second lieu se constituent des cartels qui établissent des liens financiers entre les compagnies (chacune gardant son indépendance) et fixent les prix de vente — le processus est en plein essor après 1890 ; enfin on voit aussi dans les vingt dernières années du siècle des fusions ou *amalgamations* de compagnies en *combines (holdings)*, telles que dans l'industrie chimique la *Salt Union* (1888), la *United Alkali C°* (1891) — ce sont d'ailleurs dans les deux cas des échecs —, puis c'est la formation en 1901 de l'*Imperial Tobacco C°* et un peu plus tard du « trust du savon » par Lever qui contrôle 60 % de la production (1906). Ainsi l'essor de la concentration horizontale transforme peu à peu le capitalisme concurrentiel en capitalisme monopolistique.

D'autre part l'Angleterre commence à tirer une part grandissante de sa richesse de ses investissements dans le monde. Dès 1873 avec sa perspicacité coutumière Bagehot constatait « nous sommes devenus plus que jamais les banquiers de l'Europe ». A cette date le mouvement est en cours depuis le milieu du siècle. Mais désormais il s'étend au monde entier et son rythme se précipite. En 1850 le total des investissements extérieurs de la Grande-Bretagne atteignait seulement 210 millions de livres, en 1874 il dépasse un milliard, en 1900 il est monté à 2,4 milliards de livres. La courbe va alors en s'accélérant, tandis que la part de l'Europe a diminué considérablement au profit des autres continents et pour une part importante de l'Empire. A la mort de Victoria ces placements rapportent environ 120 millions de livres par an, soit 7 % du revenu national. Le résultat, c'est qu'à la place d'une nation avant tout manufacturière, l'Angleterre tend à se transformer en une nation de fournisseurs de services et de rentiers, et la Cité de Londres acquiert un poids croissant dans l'activité du pays.

Autre changement important du dernier quart du siècle : le recul de l'agriculture. Par suite de la chute brutale des prix des denrées agricoles et plus encore de la concurrence des pays neufs — facteurs aggravés par des conditions atmosphériques catastrophiques — les campagnes britanniques traversent une période sombre pour laquelle le terme de dépression s'avère pleinement justifié. La rente foncière s'effondre. C'est la crise de la société rurale : la propriété terrienne, et avec elle l'aristocratie, reçoivent un coup terrible, les fermiers voient leurs revenus s'amenuiser, les journaliers, plongés dans la misère noire, sont réduits à émigrer soit vers les villes, soit outre-mer.

Sur le plan démographique enfin, si la progression du chiffre de la population se poursuit à un rythme soutenu (en 1837 on comptait 17,5 millions d'habitants en Grande-Bretagne, en 1861, 23 millions, en 1881, 30 millions et à la mort de Victoria en 1901 le total atteint 37 millions), le grand fait nouveau c'est la baisse de la natalité. Celle-ci s'était maintenue à un taux élevé et stable depuis les années 1830 : autour de 35 ‰. Or on constate un changement complet de la tendance vers 1875-1878 : phénomène décisif qui, renversant une évolution plus que séculaire, conduit à une chute des naissances d'abord lente, puis qui s'intensifie dans les dernières années du siècle et surtout après 1900, comme le montre le tableau ci-dessous.

	Taux de natalité pour 1 000 habitants	*Taux des naissances pour 1 000 femmes mariées de 15 à 44 ans*
1871-1880	35,4	296
1881-1890	32,4	275
1891-1900	29,9	250
1901-1910	27,2	222

L'autre phénomène démographique notable (à côté du recul régulier de la mortalité, qui s'abaisse de 22 ‰ en 1870 à 17 ‰ en 1900), c'est l'essor de l'émigration. Celle-ci, si l'on met à part le cas particulier des Irlandais à l'époque de la Grande Famine, a connu une expansion remarquable tout au long de l'ère victorienne. Par comparaison avec les taux encore peu élevés du début du siècle (22 000 émigrants par an en moyenne au cours de la décennie 1820-1829), le chiffre moyen monte à 67 000 par an en 1830-1839, à 150 000 en 1860-1869, à 250 000 en 1880-1889. Après un recul de 1890 à 1900 (110 000 départs annuels en moyenne), l'émigration remonte de 1900 à 1909 à 210 000 par an. Au total c'est près de trois millions de Britanniques qui, entre 1860 et 1880, sont allés peupler les territoires anglo-saxons des nouveaux mondes et 3,6 millions entre 1880 et 1900. La majorité se dirige vers les Etats-Unis (qui absorbent environ les deux tiers des partants), les autres vers l'Australie et la Nouvelle-Zélande, puis vient le Canada, enfin à partir de 1880 quelques-uns choisissent l'Afrique du Sud. Ainsi la vitalité démographique de la nation contribue à étendre l'influence politique, économique et culturelle de la Grande-Bretagne à travers le monde entier.

II. — Les souffles de l'esprit

Si les Victoriens peuvent être accusés de beaucoup de défauts — et la réaction anti-victorienne ne s'en est pas privée depuis la brillante entreprise de désacralisation de Lytton Strachey jusqu'aux attaques de la société « permissive » d'aujourd'hui contre les vestiges du victorianisme —, il est une qualité que nul ne peut leur dénier : leur capacité et même leur goût d'autocritique. Les mises à nu les plus impitoyables des tares de l'Angleterre du XIXe siècle, c'est avant tout dans les écrits des Victoriens qu'il faut les chercher. Une telle volonté de lucidité est pour une part le fait d'hommes habitués par le libre examen à scruter scrupuleusement leur conscience, pour une part aussi la conséquence de la tolérance et du libéralisme qui ont encouragé la confrontation critique des idées. A partir de là s'est développée la propension à perpétuellement s'interroger sur soi-même.

Mais il y a plus. Au cœur de la civilisation victorienne bourgeoise qui, à beaucoup de points de vue, est une civilisation de « parvenus », les inquiétudes spirituelles et les exigences éthiques sont constamment venues traverser les certitudes complaisantes. Dans une Angleterre arrivée au faîte de la puissance et gorgée de richesses, l'intelligentsia, imprégnée du puritanisme ambiant même quand elle a voulu rejeter toute foi religieuse, a cherché passionnément au milieu du règne de la marchandise une alternative idéaliste, réconciliant l'homme avec ses exigences les plus hautes, bref « un supplément d'âme ». Contre le matérialisme dominant se sont élevés les souffles de l'esprit. A cet égard on pourrait esquisser une comparaison entre l'Angleterre victorienne et les Etats-Unis de la seconde moitié du XXe siècle, pays dont la situation objective et les réactions internes présentent beaucoup de points communs. Des deux côtés de l'Atlantique l'analyse montrerait la même maîtrise de la technique et de l'enrichissement, le même orgueil et la même fascination de la puissance, la même bonne conscience impérialiste et la même dénonciation des miasmes impériaux, la même dénégation du confort matérialiste dans lequel la nation est installée, le même besoin de justification morale et de quête spirituelle.

C'est bien cette quête spirituelle que poursuivent en profondeur écrivains et artistes, depuis les prophètes des années 1860 et 1870 tels que Matthew Arnold et Ruskin jusqu'aux esthètes des années « fin de siècle ». Ainsi Matthew Arnold s'érige en critique mordant du « mid-victorianisme ». Faisant dans *Culture et anarchie* (1869) le procès de l'état de vulgarité et d'injustice dans lequel est tombé le pays, il dénonce la trilogie formée par ce qu'il appelle les Barbares — l'aristocratie éclatante de force et d'égoïsme —, les Philistins — la bourgeoisie souillée par l'hypocrisie — et la Populace — le peuple, géant menaçant, toujours enclin à se jeter avec brutalité dans l'anarchie.

Contre ces maux, Matthew Arnold en appelle sous le nom de « culture » — véritable substitut de la religion —, à l'éducation, à la vertu morale, à la recherche raisonnée de la liberté de l'esprit. Là seulement se trouve le salut spirituel, car la culture, visant au-delà de la machine, « a une seule grande passion : la passion pour la douceur et la lumière » (1). Sur le plan social, il accuse le régime d'injustice et de primat de la propriété « que nous maintenons, dit-il, parce que nous avons la religion de l'inégalité » d'avoir pour effet de « matérialiser la classe supérieure, vulgariser la classe moyenne et brutaliser la classe inférieure » (2). Mais les élans démocratiques chez Matthew Arnold tournent court à cause de la peur des masses.

Parmi tous les autres critiques de l'individualisme libéral, on trouve développée à satiété, comme chez Arnold, l'idée que l'aridité abstraite et l'égoïsme froid du laissez-faire débouchent sur une société désintégrée et sans cœur. A la dénonciation de l'embourgeoisement de l'âge mécanisé Ruskin ajoute la révolte contre la laideur. Prophète autant qu'artiste, sorte de Victor Hugo victorien, admirateur du Moyen Age, champion du *gothic revival* et de la « fraternité préraphaélite », son influence a été prodigieuse, car il a été lu avec passion par les ouvriers

(1) M. Arnold, *Culture and Anarchy*, p. 30.
(2) M. Arnold, The Future of Liberalism, *Nineteenth Century*, juillet 1880.

(*Munera Pulveris* et surtout *Fors Clavigera* de 1871 à 1884). Ruskin exalte la poésie des choses, révélatrice de la beauté cachée. Selon lui l'industrie moderne, du fait du travail inconscient de la machine, a tué l'art. Seule la main de l'homme, artiste incomparable, peut donner la vie. Avec une éloquence entraînante Ruskin attaque les dogmes de l'économie politique, science dévoyée qui, acharnée à la poursuite de la richesse matérielle, aboutit à l'avilissement du capitaliste et à l'asservissement du salarié. Aux entités abstraites du matérialisme manchestérien Ruskin oppose la richesse de la vie — « la vie avec sa toute-puissance d'amour, de joie et d'admiration » (1) —, l'unité organique de la société et la solidarité fraternelle entre les hommes. Mais pas plus qu'Arnold n'aboutit à la démocratie, Ruskin le précurseur n'aboutit au socialisme : sa pensée, souvent confuse, demeure prisonnière de conceptions autoritaires, hiérarchiques et patriarcales.

Sous l'influence de ces divers courants intellectuels ou artistiques, et dans le climat de malaise économique des années 1880, la critique s'aiguise. Au même moment les enquêtes sociales qui se multiplient provoquent par la révélation de l'étendue de la misère un choc général dans les consciences. Une nouvelle atmosphère morale et idéologique enveloppe les classes cultivées. Au lieu de regarder du côté des vertus du libéralisme — tant exaltées au temps de ses triomphes — ce que l'on met en lumière maintenant, ce sont ses échecs et ses insuffisances, ses noirceurs et ses hontes. A mesure que l'on avance vers la fin du siècle, la diatribe sociale se fait plus hardie et plus radicale. Elle ne se contente plus de blâmer les méfaits du système libéral de distribution

(1) J. Ruskin, *Unto this Last*, 1862, chap. « Ad valorem ».

des richesses. Elle prend pour cible toutes les valeurs établies.

C'est bien à ruiner les canons traditionnels de l'*Establishment* que s'emploie par exemple le rationalisme agressif de Bernard Shaw. A coup d'âpres railleries et de paradoxes cinglants, sa critique corrosive vise à détruire les illusions et les sophismes derrière lesquels s'abritent intérêts acquis et consciences repues : la propriété, la famille, la religion, le mariage. Plus encore que de favoriser l'avènement du socialisme, il s'agit de battre en brèche toutes les satisfactions béates, en faisant prendre conscience à la société de ses préjugés et de sa mauvaise foi. C'est un objectif similaire que poursuit Oscar Wilde dont les insolentes pirouettes sont autant d'appels sacrilèges. Au moyen d'outrances froides érigées en aphorismes (« la modération est un vice fatal »), il fustige le conformisme et la respectabilité de la classe dirigeante. En particulier il s'élève, avec un goût pour le scandale doublé d'une passion d'iconoclaste, contre l'hypocrisie puritaine : « La moralité n'est qu'une attitude que nous prenons avec les gens que nous n'aimons pas. »

Tout en s'affichant socialiste, Oscar Wilde incarne, de même que son ami le dessinateur Beardsley ou que Max Beerbohm qui proclame la « renaissance du dandy », l'atmosphère baptisée « *fin de siècle* ». Au-delà des apparences de frivolité et de maniérisme de l'expression, on recherche les émotions hautes et raffinées que seul l'art peut donner afin d'échapper à l'ennui de la société bien-pensante. C'est donc, parallèlement au regain des utopies collectives — dont le réveil socialiste est l'un des signes —, une révolte esthétique sous la forme d'un individualisme assoiffé de liberté et de beauté : « la vraie perfection de l'homme », affirme Wilde, « réside non pas dans ce qu'il *a*, mais dans ce qu'il *est* » (1). L'ennemi commun, ce sont toujours les valeurs bourgeoises, le simplisme utilitaire, le philistinisme. « Admirez », s'écrie satiriquement Beerbohm, « l'ère victorienne touche à sa fin et les jours de *sancta simplicitas* sont bel et bien terminés ». Cependant qu'Oscar Wilde revendique, comme Pater l'avait déjà fait vingt ans plus tôt au nom de « l'art pour l'art », l'indépendance de l'artiste, car « tout art véritable est sans nulle utilité ». (Au même moment l'impressionnisme de Whistler, puis de Steer et de Sickert, traduit une aspiration analogue, en réaction contre la peinture académique et « photographique ».)

Sans doute le puritanisme de l'*Establishment* prend-il sa revanche en 1895 lorsqu'il réussit à briser le téméraire Oscar Wilde en le jetant en prison pour homosexualité. Mais la tranquillité des esprits conformistes n'est pas pour autant rétablie. Un autre artiste avait fait scandale en la personne de Swinburne, dont la poésie osait évoquer l'amour sensuel (autour de lui se forme « l'école de la chair »). Si la crainte du corps continue d'avoir pour la soutenir et la loi et la pression sociale consécutive à un siècle de puritanisme, certaines barrières tendent à craquer par suite de l'évolution des mœurs. Au cours de la dernière décennie du siècle, surnommée (bien à tort) les années « folles », voire « polissonnes » *(naughty nineties)*, tandis qu'on commence à s'impatienter devant les règles et contraintes traditionnelles, le goût du neuf, le besoin de sortir des sentiers battus atteignent des milieux plus étendus de jour en jour, comme en témoigne Wells, représentant typique de la petite bourgeoisie. L'un des symboles

(1) O. Wilde, *The Soul of Man under Socialism*, in *Essays*, éd. Pearson, 1950, p. 232.

de cette volonté d'explorer les sentiers de la liberté, on le trouve dans la bicyclette, « la petite fée d'acier », dont la vogue auprès des classes moyennes traduit sous une forme vulgarisée les mêmes aspirations que l'on relève, raffinées et sophistiquées, dans l'intelligentsia.

Dans le domaine philosophique et religieux, le rationalisme gagne lentement, mais sûrement, au détriment de la croyance. Sous le nom de « sécularisme », la libre-pensée fait des progrès dans toutes les classes. Il est souvent difficile d'ailleurs de discerner la frontière entre les positions, car des gradations insensibles conduisent du protestantisme libéral à une religiosité vague faite de tolérance et de déisme, puis de là au scepticisme et à l'agnosticisme. Le prestige de la science fait pâlir de plus en plus celui de l'orthodoxie. Dans cette évolution l'un des grands rôles est tenu par le biologiste Huxley, dont l'autorité scientifique, doublée d'une vigueur insatiable de polémiste, agit comme un bélier contre le christianisme. Conscientes du recul de leur influence, les Eglises s'éveillent elles aussi à l'urgence de la question sociale. L'Armée du Salut est fondée en 1878 par le « général » Booth dans un misérable quartier de l'*East End* de Londres. Chez les anglicans, la *High Church* trouve un nouveau souffle en se lançant dans le christianisme social — qui chez certains se transforme en socialisme chrétien. Ainsi, alors que le siècle approche de son terme, de partout s'élèvent les vents d'une contestation en quête de justice sociale et de démocratie.

CHAPITRE VI

EN QUÊTE DE DÉMOCRATIE ET DE JUSTICE SOCIALE

I. — L'instruction pour tous

Jusqu'en 1870 l'école en Angleterre est entièrement entre les mains de l'initiative privée, c'est-à-dire des Eglises et des institutions charitables. Il n'existe pas de système d'enseignement public. L'Etat s'est volontairement abstenu d'intervenir dans l'éducation primaire (ainsi que dans le secondaire et dans les universités) pour trois raisons : d'abord pour ne pas ajouter à ses tâches et à ses dépenses ; ensuite parce que l'utilité d'un enseignement généralisé suscite de vives controverses (pour certains l'instruction risque de donner aux « pauvres » des idées dangereuses au lieu de les « contenir » à leur rang) ; enfin les questions scolaires étant étroitement liées aux questions religieuses — notamment à l'antagonisme entre anglicans détenteurs d'une position dominante, non-conformistes et catholiques —, l'Etat préfère rester à l'écart d'affaires aussi brûlantes. Le tableau est bien différent à la fin du siècle : il existe désormais un système d'enseignement pour tous, organisé par l'Etat, les illettrés ont disparu et l'instruction est devenue le lot commun.

L'évolution s'est opérée par étapes successives dont la plus importante a été la grande loi sur l'enseignement primaire, l'*Education Act* de 1870. Pourtant encore peu de temps avant cette date la situation paraissait peu favorable. On ne comptait guère que la minorité bruyante des radicaux pour réclamer un enseignement primaire obligatoire, gratuit et laïque. L'instruction des enfants du peuple était assurée par une multitude d'écoles privées (dites « volontaires » ou *voluntary schools*), les unes payantes, les autres gratuites, pour la plupart anglicanes. Mais la situation scolaire du pays était loin d'être satisfaisante. Beaucoup d'enfants ne fréquentent pas du tout l'école, d'autres n'y venaient que très irrégulièrement ou n'y passaient qu'un an ou deux. Le niveau de l'enseignement (malgré le système des « moniteurs ») restait bas. Sans doute une commission d'enquête en 1858 pouvait-elle se féliciter du fait que le taux de scolarisation anglais se comparait favorablement à celui de la France ou de l'Autriche. Malgré tout il n'y avait que trois enfants scolarisables sur quatre à suivre un enseignement élémentaire et parmi eux les trois quarts quittaient l'école avant d'avoir atteint le niveau considéré comme le minimum requis.

Grand tournant dans le développement démocratique d'un enseignement populaire, la loi de 1870 doit moins être interprétée comme une conséquence de la réforme électorale de 1867 (on y a trop vu l'idée d'éduquer les ouvriers devenus électeurs, les « nouveaux maîtres ») que comme un moyen de répondre à l'exigence générale de développement de l'instruction et de progrès des connaissances. Il faut aussi mentionner l'action d'un *lobby* scolaire aux vues éclairées, particulièrement efficace et bien organisé. La mesure s'est voulue un compromis : elle ne touche pas aux écoles religieuses *(voluntary schools)*, mais vise à les compléter par un système d'écoles publiques *(board schools)* placées sous la responsabilité de bureaux scolaires élus sur une base locale *(school boards)*. Il est prévu que des écoles élémentaires publiques seront créées partout où ce sera nécessaire pour instruire les enfants de cinq à treize ans. L'Etat intervient donc dans un domaine qui était jusque-là considéré comme relevant du droit des familles et de l'initiative des éducateurs. En outre, la charge des écoles est mise au compte des dépenses publiques. Ouvertes à tous les écoles publiques ne sont point laïques : un enseignement religieux simple y est donné, étant entendu que « tout catéchisme ou toute formation propre à une dénomination quelconque » en est exclue : c'est donc un enseignement « *undenominational* ».

Par contre, sous couleur de respecter les droits des parents, la loi de 1870 ne comporte ni la gratuité ni l'obligation scolaire. Dans les années qui suivent, le nombre des écoles augmente rapidement et, vers 1885 le réseau est en mesure d'accueillir l'ensemble des enfants d'âge scolaire. L'analphabétisme (déjà limité puisque, en 1870, 80 % de la population savait lire) recule à un taux infime : aux élections de 1886, on ne compte sur 2 400 000 votants que 38 000 électeurs illettrés. A la fin du siècle, il n'y aura plus que 3 % d'hommes incapables de signer leur nom au moment de leur mariage. En 1895, sur 4 300 000 enfants scolarisés dans le primaire, 1 900 000 appartiennent aux écoles publiques, 2 400 000 aux écoles privées *(voluntary)*.

L'obligation a été introduite par deux lois de 1876 et de 1880. Quant à la question de la gratuité — moins pressante qu'il ne paraît à première vue, car la majorité des enfants des familles pauvres étaient dispensés des droits scolaires —, elle est pratiquement tranchée en 1891. La qualité des enseignants (« la nouvelle classe sacerdotale » comme les appelle Disraëli) s'améliore par le développement des écoles normales d'instituteurs. Dans le programme des écoles, aux trois matières obligatoires — lecture, écriture, arithmétique (« les 3 R' s ») et pour les filles la couture — s'ajoutent en option l'anglais, la géographie, l'histoire, les sciences. On voit même apparaître un enseignement primaire supérieur et par le biais des études techniques les « bureaux scolaires » réussissent à mettre sur pied un véritable enseignement secondaire moderne et des cours du soir. Ainsi la notion de culture populaire s'élargit, tandis que l'idée de l'enseignement pour tous commence à s'étendre de l'enfant à l'adulte.

II. — Le bulletin de vote

Pendant toute la période « mid-victorienne », le gouvernement est resté l'apanage d'une oligarchie de privilégiés : aux aristocrates se mêlent en nombre grandissant les membres de la *middle class*, mais les « ordres inférieurs » *(lower orders)* continuent d'être soigneusement tenus à l'écart et la politique d'être une affaire de *gentlemen*. Bagehot croit alors pouvoir discerner dans la « déférence » un trait fondamental du comportement politique anglais. Pourtant la vieille tradition radicale d'émancipation démocratique, illustrée par le cri chartiste *adult suffrage*, continue d'éveiller un écho profond au sein de la petite bourgeoisie et du peuple. Dans les années 1860 une campagne d'agitation renaît en vue d'obtenir le suffrage universel et la réforme de 1867 constitue une étape très importante dans l'extension du droit de vote. Tout autant que de la pression populaire elle est le fruit des calculs des deux partis qui cherchent chacun à tirer le maximum d'avantages électoraux et politiques de la mesure. Finalement ce sont les conservateurs qui sous l'impulsion de Disraëli font voter une réforme d'un contenu beaucoup plus hardi que les propositions de leurs adversaires. La loi votée en 1867 aboutit en effet à accorder la *franchise* à la plupart des ouvriers des villes ou plus exactement des « bourgs électoraux » *(household suffrage)*.

Ce « saut dans le noir » n'altère cependant ni le cours de la vie politique ni le rapport des forces. De 1867 à 1885 l'alternance libéraux-conservateurs se poursuit régulièrement, et l'élargissement du suffrage, loin d'affaiblir les conservateurs, tend plutôt à les affermir dans leur très nette remontée politique. Deux autres mesures viennent compléter la démocratisation du vote : en 1872 l'introduction du scrutin secret *(Ballot Act)*, qui met fin aux pressions exercées jusque-là sur les électeurs à chaque consultation, et en 1883 une loi sur la corruption restreignant une pratique qui avait été l'une des plaies traditionnelles des élections anglaises.

A cette date la pression a repris avec force chez les radicaux en faveur du suffrage universel, de telle sorte que le gouvernement libéral de Gladstone fait voter en 1884-1885 la troisième grande réforme électorale du siècle. Sur le plan de la représentation politique, c'est un progrès considérable : d'abord parce que le droit de vote accordé en 1867 dans les bourgs à tous les chefs de ménage *(householders)* est étendu aux habitants des comtés. Ensuite et surtout parce que la redistribution des sièges, point majeur de la réforme, bouleverse complètement la géographie électorale de la Grande-Bretagne en instituant le système du scrutin uninominal et en découpant les arrondissements électoraux en proportion de la population. Mais si le nombre des électeurs s'est élevé de trois millions à cinq millions environ, on est loin du suffrage universel : un homme adulte sur trois en Angleterre est dépourvu de vote. Beaucoup plus nettement que la réforme de 1867, celle de 1884-1885 profite aux conservateurs qui ont alors le vent en poupe et bénéficient à la fois de la scission du parti libéral en 1886 et du déclin continu du libéralisme de 1885 à 1900. Aussi, alliés aux unionistes, restent-ils près de vingt ans au gouvernement à partir de 1886.

Au niveau des affaires locales la démocratisation progresse elle aussi grâce à deux lois qui modifient profondément le gouvernement régional et municipal en le plaçant entre les mains d'autorités élues : les conseils de comtés *(county councils)* en 1888, les conseils communaux *(parish councils)* en 1894. Désormais ce sont les représentants des électeurs qui sont chargés de gérer les affaires d'intérêt local comme c'était le cas pour les villes importantes depuis 1835. Mais il y a plus : pour ces élections, certaines catégories de femmes, célibataires ou veuves, reçoivent le droit de vote (qu'elles avaient déjà depuis 1869 dans les villes gouvernées par des conseils municipaux). Néanmoins tous les progrès accomplis ne doivent pas masquer les résistances à la démocratisation : non seulement les forces de la tradition et de la déférence œuvrent pour conforter le pouvoir de l'*Establishment*, mais sur ce point capital qu'est pour un régime démocratique le droit à la représentation, la vieille revendication jacobine et chartiste n'est toujours point satisfaite et il faudra attendre 1918 pour que soit instauré le suffrage universel à la fois masculin et féminin.

III. — La société contestée : les espoirs du socialisme

D'autres aspirations démocratiques reléguées à l'arrière-plan entre 1850 et 1875 connaissent après 1880 un regain de vitalité : au premier rang l'aspiration à la justice et à l'égalité. Du fait des difficultés économiques de la conjoncture on prend soudain conscience de la fragilité de ce bien-être et de cette concorde dont naguère on était si fier. En redécouvrant l'étendue du paupérisme, on s'aperçoit combien, malgré l'accroissement indéniable de la richesse collective, la question sociale a peu évolué depuis les secousses prérévolutionnaires de la période 1830-1832 ou depuis les *hungry forties*, les dures années de 1840 à 1848. Loin de diminuer, l'armée des sans-travail est toujours là et face à l'immensité du problème la charité publique ou privée s'avère impuissante quand elle n'aggrave pas le mal. L'équilibre entre les classes fait l'effet d'une façade précaire derrière laquelle les peurs sociales réapparaissent. Que réservent à la société de tels abîmes de misère ? Les grondements révolutionnaires au cours des manifestations massives de chômeurs à Londres vers 1885-1887 viennent rappeler aux nantis la menace toujours présente de la subversion. Car les grandes villes continuent d'offrir le spectacle du plus violent contraste entre l'extrême richesse et l'extrême dénuement.

Aux voix nées de la peur s'ajoutent les reproches de la mauvaise conscience. Dans des zones entières de la bourgeoisie — professions libérales, administrateurs, *clergymen*, universitaires, parmi les femmes comme parmi les hommes — la souffrance des pauvres ranime un obscur malaise devant une répartition aussi injuste des fruits de l'enrichissement. D'autant qu'au même moment les enquêtes qui se multiplient déversent sur une opinion stupéfaite et choquée une masse de faits aussi accablants qu'irrécusables. Comment de telles iniquités, se demande-t-on, peuvent-elles exister dans un pays qui se dit chrétien et à la pointe du progrès ? Sur la misère des *slums*, sur les hontes de la prostitution, sur l'horreur des conditions de vie du prolétariat, sur la dégénérescence physique, l'humiliation, la démoralisation familiale, l'alcoolisme, les témoignages abondent. Une grande enquête sociologique menée par l'armateur Charles Booth, statisticien et philanthrope, révèle qu'à Londres 1 300 000 personnes, soit 30 % de la population, vivent au-dessous des conditions minimales nécessaires à l'existence et à la dignité humaines.

L'individualisme économique, en perte de vitesse, paraît soudain recéler plus de défauts que de vertus. Au lieu d'accepter comme par le passé sans l'ombre d'une hésitation la loi du laissez-faire, on remet en question des formes de hiérarchie sociale jugées jusque-là voulues par Dieu et même on se prend à rêver d'un monde différent où régnerait la fraternité. William Morris, poète et artiste converti au socialisme, a décrit dans ses *Nouvelles de nulle part* sous la forme d'une utopie située à Londres au XXIe siècle, cette aspiration à un univers pacifique et harmonieux où règne la joie du travail et où tout le monde vit heureux d'une existence saine et équilibrée dans de petites communautés au milieu de la verdure et de la beauté. Le socialisme, avant de déboucher sur une politique, est donc d'abord un refus et une espérance : refus de se résigner à un monde injuste, espérance d'une réconciliation de l'homme avec lui-même. Face à la puissance du capitalisme, son messianisme est d'autant plus absolu que la société bourgeoise libérale lui semble plus souillée de laideurs et de noirceurs. Aux yeux des socialistes le combat démocratique reste d'ailleurs le même qu'au temps des Chartistes, des Jacobins ou des Niveleurs : contre les hiérarchies, les pouvoirs, l'*Establishment*, bref ce que Cobbett appelait « la Chose » (*The Thing*).

Porté par ce nouveau climat intellectuel et moral, le réveil socialiste et ouvrier s'alimente de trois courants : d'abord la renaissance des doctrines collectivistes, ensuite l'essor d'un syndicalisme de combat, enfin la volonté tenace d'une représentation ouvrière au Parlement, sous la forme d'un « Parti du Travail ». Les doctrines socialistes gagnent d'abord dans l'intelligentsia et la bourgeoisie et de là se propagent dans la classe ouvrière. Elles se répartissent selon deux directions distinctes : l'une est proprement révolutionnaire, l'autre d'inspiration réformiste. Dans les deux cas, les militants sont peu nombreux, mais la plupart sont animés d'un souffle d'apôtres totalement dévoués au service de « la cause ».

Du côté révolutionnaire, le principal courant est le courant marxiste. Malgré le long séjour de Marx sur le sol anglais, le marxisme n'avait point jusque-là pénétré en Angleterre. C'est un *businessman* de la Cité, converti par la lecture du *Capital*, qui s'en est fait le véritable introducteur au sein du mouvement ouvrier britannique : Hyndman fonde en 1881 la Fédération démocratique, transformée en 1884 en Fédération social-démocratique (*Social Democratic Federation* ou S.D.F.). Basée sur le matérialisme historique et la lutte des classes, la S.D.F. est l'organe du socialisme le plus militant. Elle veut avec intransigeance et sans compromission préparer la révolution qui abolirait l'économie capitaliste et instaurerait la propriété collective des moyens de production, de distribution et d'échange. Mais le mouvement est affaibli par son dogmatisme théorique et surtout ses maladresses tactiques. Aussi ne parvient-il à s'implanter que dans une frange de la classe ouvrière et fort peu dans les syndicats. Ce parti ouvrier reste minoritaire et incapable de mobiliser les masses, d'autant que son combat forcené contre le libéralisme le coupe des radicaux et des trade-unionistes. De surcroît à peine est-il né que plusieurs de ses chefs, dont William Morris et Eleanor Marx (la fille de Marx), l'ont quitté pour former en 1884 un groupe révolutionnaire rival, la Ligue socialiste *(Socialist League)*. Celle-ci plus intransigeante encore, mais moins sectaire, se défie de l'action parlementaire (alors que la S.D.F. voulait, quant à elle, se développer en parti ouvrier sur le modèle de la social-démocratie allemande), et elle est peu à peu absorbée par les éléments anarchistes qui l'ont noyautée.

Parallèlement se développe un socialisme réformiste, celui des Fabiens. Très restreint en nombre, mais fort influent, le mouvement est parti de petits groupes d'intellectuels et de membres des professions libérales, qui s'assignent une tâche à la fois de réflexion théorique sur la société et de propagande pratique en faveur du socialisme. Parmi ces brillants cerveaux les deux plus éminents sont Bernard Shaw, encore au début de sa carrière littéraire, et Sidney Webb, fonctionnaire et économiste. Fondée en 1884, la Société fabienne a choisi ce nom en souvenir de Fabius Cunctator : à la poursuite du socialisme il faut, à la manière du vainqueur d'Hannibal, adopter une tactique de lutte patiente et tenace jusqu'à la victoire. C'est pourquoi on a appelé les Fabiens tantôt des « gradualistes », tantôt des « possibilistes ». Ils unissent en effet un empirisme de type pragmatique et même opportuniste à l'exigence d'un rationalisme cohérent et logique. Pour eux, c'est l'observation des faits économiques, qui conduit au socialisme. Répudiant la lutte des classes et la révolution violente, ils visent à réaliser par étapes la suppression de la propriété privée du capital et des instruments de production. Pour commencer, ils préconisent des mesures partielles et concrètes de manière à éduquer les esprits. En même temps ils entreprennent une action massive et infatigable de propagande pour faire pénétrer les idées socialistes dans tous les milieux. C'est donc un socialisme mesuré, constitutionnel, démocratique, s'affirmant comme une doctrine scientifique et la seule alternative possible au marxisme.

Tandis que les divers noyaux socialistes sensibilisent l'opinion à la question sociale, à l'intérieur du mouvement ouvrier, après un sérieux tassement des effectifs dû à la dépression de 1874 à 1880 et une phase défensive au cours des années 1880, une série de secousses réveillent brusquement les masses ouvrières. A partir de 1889 surgissent à travers toute l'Angleterre des mouvements revendicatifs, dynamiques, à tonalité révolutionnaire, animés par de jeunes leaders ouvriers proches du socialisme. Le signal du mouvement est donné par la grande grève des dockers de Londres au cours de l'été 1889, suivie d'autres explosions parmi les gaziers, les marins, les ouvriers des transports. Ce « nouvel unionisme » recrute surtout dans une catégorie de travailleurs fort mal organisés jusque-là : les manœuvres ou *unskilled.* Les *trade-unions* gonflent leurs effectifs : 750 000 adhérents en 1888, 1 600 000 en 1892. Des mots d'ordre nouveaux propagent une nouvelle conception du combat ouvrier : la journée de huit heures, le minimum légal de salaire, l'appel à l'intervention de l'Etat pour garantir le droit au travail.

En même temps l'alliance qui était de règle jusque-là entre le parti libéral et le trade-unionisme — l'alliance *Lib-Lab* — se trouve battue en brèche. De plus en plus nombreux sont les militants ouvriers qui ne se contentent plus de déléguer aux députés libéraux la défense de leurs intérêts et qui rêvent d'élire de vrais députés ouvriers, voire de mettre sur pied un véritable « parti du travail ». Ceux-là considèrent en effet qu'entre libéraux et conservateurs il n'y a nulle différence, car les deux partis reflètent uniquement les classes dirigeantes. Si les travailleurs veulent pour de bon se faire entendre et soutenir leurs droits et leurs revendications au Parlement, il leur faut une représentation indépendante. En Ecosse ces vues trouvent en un jeune mineur socialiste, Keir Hardie, un avocat passionné dont l'éloquence entraînante débouche sur une mystique de l'émancipation ouvrière.

L'idée que l'alliance *Lib-Lab* n'est qu'une tromperie est désormais partagée par des courants très divers du mouvement ouvrier : révolutionnaires socialistes, leaders du nouvel unionisme, militants des bourses du travail et des *labour clubs* ; les Fabiens s'y rallient à leur tour. Aussi en 1893 à Bradford un congrès où sont représentées toutes les organisations ouvrières et socialistes décide de fonder un parti ouvrier, le « Parti indépendant du Travail » (*Independent Labour Party* ou I.L.P.), dont Keir Hardie est élu président. La tâche principale du nouveau parti consiste à convaincre les *trade-unions* qui, dans leur majorité, étaient restés fidèles à l'alliance libérale, de soutenir le nouveau parti, dont la doctrine est franchement socialiste. Au bout de plusieurs années d'effort la ferveur quasi religieuse des militants de l'I.L.P. au service du socialisme réussit à opérer une jonction avec les craintes de plus en plus vives exprimées par les syndicalistes à l'égard de la répression patronale qui tente de briser le dynamisme des *trade-unions*. En 1900 un pas décisif est franchi : c'est la création d'un « Comité pour la représentation du travail » *(Labour Repre-*

sentation Committee), organisme chargé de faire élire au Parlement le plus grand nombre possible de travailleurs. L'année 1900 marque donc la date de naissance effective du travaillisme, sous la forme d'un parti ouvrier socialisant, démocratique et parlementaire.

Chapitre VII

« LA PLUS GRANDE BRETAGNE »

I. — Jingoïsme et impérialisme

Entre 1871 et 1900 l'Empire britannique s'accroît de 11 millions de kilomètres carrés et de 66 millions de sujets. A la mort de Victoria il couvre le quart des terres émergées et contient le cinquième de l'humanité. La dernière phase du victorianisme est donc caractérisée par une recrudescence de l'expansion coloniale et du sentiment impérial — ce que les historiens anglais ont appelé le « nouvel impérialisme » *(new imperialism)*. Sans doute peut-on soutenir que l'esprit expansionniste a constitué un trait permanent de l'Angleterre depuis 1815 et même avant et que les Victoriens de la fin du siècle n'ont pas réellement innové. En pleine époque de pacifisme libre-échangiste les acquisitions outre-mer loin de s'arrêter s'étaient poursuivies. Et inversement à la fin du XIXe siècle en même temps qu'elle se lance dans la course aux territoires, la Grande-Bretagne, tout comme au temps du « mid-victorianisme », s'attache soigneusement à préserver sa domination, quand ce n'est pas à l'agrandir, sur les zones d'influence économique et politique qu'elle s'était réservées à travers le monde. L'alliance continue de la sorte entre deux impérialismes : celui de l'empire « indirect » *(informal Empire)* et celui de la souveraineté sur les terres où flotte le drapeau britannique *(formal Empire)*.

Il n'en est pas moins certain que dans le dernier quart du siècle la vague d'expansionnisme qui submerge le pays constitue un phénomène spécifique. Ce nouvel impérialisme se manifeste tout autant dans la psychologie collective — un esprit chauvin et agressif, fier et chatouilleux, fort de son bon droit à gouverner les autres peuples — que dans la politique officielle du gouvernement. « Dire que l'Empire est « la chair de notre chair, l'os de nos os » n'est point exprimer une opinion, mais reconnaître un fait » : ces paroles d'un journaliste en 1877 traduisent une conviction devenue monnaie courante, et c'est une simple banalité de répéter avec lui que le destin manifeste des Anglais est d'être « la race dominante dans les pays étrangers où ils s'aventurent ». Du reste pour l'ensemble des puissances européennes toute cette période correspond à une phase de *rush* colonial : comment l'Angleterre parvenue au glorieux couchant du règne de Victoria auraitelle pu n'y point participer ? La reine se fait comme d'habitude l'écho de l'opinion et notamment de la classe moyenne, lorsqu'elle écrit à Disraëli dans ce climat de compétition belliqueuse : « Si nous voulons maintenir notre position de Puissance de premier rang, ... il nous faut, avec notre Empire des Indes et nos grandes Colonies, nous préparer à des attaques et des guerres, en n'importe quel point du monde, *de manière continuelle* » (1).

On doit noter toutefois que les acquisitions coloniales s'achèvent avec le règne de Victoria. En 1901 l'Empire a atteint son apogée territorial. La guerre

(1) Queen Victoria to Lord Beaconsfield, 28 juillet 1879, *The Letters of Queen Victoria*, éd. G. Buckle, 2nd series, vol. 3, p. 37-38.

des Boers, tout en constituant l'épisode le plus dramatique et le plus spectaculaire de la vague colonialiste, marque le point culminant de la courbe. Jalon capital, l'annexion de l'Orange et du Transvaal est aussi un jalon terminal : c'est la dernière conquête. Il est vrai qu'à cette date il n'y a plus grand-chose à conquérir : l'Angleterre a fait le plein des territoires possibles.

Pour saisir le sens et l'ampleur de l'impérialisme *late-Victorian*, il importe de distinguer trois niveaux : l'action sur place des coloniaux, la politique gouvernementale à Londres et l'évolution de l'opinion dans le pays. Le rôle des coloniaux a été considérable, car bien souvent les annexions de territoires ont résulté d'initiatives qu'ils avaient prises localement plus ou moins de leur propre chef. Commerçants, consuls, missionnaires, voilà les trois catégories d'agents les plus efficaces de la pénétration coloniale, notamment en Afrique, et à de nombreuses reprises les autorités de Westminster craignant des complications administratives ou internationales se sont crues obligées de leur lancer des mises en garde. Ainsi l'extension de l'empire colonial à la fin du siècle est dans beaucoup de cas due davantage à l'audace des pionniers sur le terrain qu'à l'action délibérée du gouvernement.

Chez ces hommes tous les motifs ont joué : goût de l'aventure, appât du gain, ardeur missionnaire, volonté de prestige, crainte de voir les concurrents étrangers s'installer si les Anglais ne prenaient les devants. Comme dans l'attitude des impérialistes de la métropole, se mêlent motivations économiques (soit les intérêts individuels soit les intérêts des grandes compagnies à charte, la *British East Africa Company*, la *Royal Niger Company*, la *Chartered*), motivations politiques et stratégiques (la fierté de faire flotter l'*Union Jack* sous de nouveaux cieux et de contribuer par là à la grandeur du pays), motivations chrétiennes et humanitaires (la suppression de l'esclavage ou bien la conversion des indigènes païens). C'est seulement parce que l'idéalisme patriotique ou religieux s'unit sans cesse à l'esprit de lucre et à la volonté de puissance que l'énergie des colonisateurs a acquis une force aussi irrésistible.

Au niveau du gouvernement, le tableau doit être singulièrement nuancé. Bien souvent Londres n'a procédé aux annexions qu'en dernier recours ou la main forcée. L'attitude qui prévaut, c'est la prudence. Les décisions prises au vu de chaque cas particulier ont dépendu davantage des circonstances — chances à saisir ou dangers à éviter — que des principes professés par les responsables. Disraëli, qui a tant fait pour propager l'idée impériale et que fascinent l'Inde, la Méditerranée et l'Egypte, s'intéresse peu à l'Afrique et pas du tout aux colonies de peuplement blanc. Salisbury, chef du gouvernement et du *Foreign Office* pendant près de douze ans, a fait montre sans arrêt d'une grande circonspection, multipliant les précautions et n'avançant qu'à coup sûr. Même le bouillant et résolu Chamberlain, champion de l'unité impériale, calcule avec soin la moindre initiative. Inversement, c'est un cabinet de *Little Englanders*, le gouvernement libéral de Gladstone qui, surmontant ses scrupules, procède à l'acquisition territoriale la plus importante du quart de siècle : l'occupation *de facto* de l'Egypte en 1882.

Dans l'opinion la propagande impérialiste gagne du terrain. Les tenants de la « petite Angleterre » — libéraux, non-conformistes, radicaux héritiers de Cobden — reculent devant la poussée des partisans de « la plus grande Bretagne » : tel est le titre d'un livre publié par Charles Dilke (*Greater Britain*) en 1868 et dont l'influence considérable est relayée à partir de 1883 par un autre classique de la doctrine colonialiste, *L'expansion de l'Angleterre*, écrit par un professeur d'histoire de Cambridge, Seeley. En 1878 un nouveau terme est apparu dans le vocabulaire politique anglais : celui de *jingoïsme*, forme belliqueuse et agressive du nationalisme, qui sévit face aux Russes à l'occasion de la crise des Détroits (le mot « *jingo* » a été mis à la mode par une chanson de caf'conc' exhalant un chauvinisme brutal).

L'esprit expansionniste, mélange de volonté de pouvoir, d'exaltation de la grandeur virile, de confiance dans les vertus de la race, de foi en la mission privilégiée de l'Angleterre, renforcé par une conviction absolue, celle de la supériorité blanche et européenne, est véhiculé par la presse, les discours des politiciens, les sermons, la littérature (le « *fardeau de l'homme blanc* » de Kipling), le théâtre, le music-hall, au point de devenir une composante fondamentale du *Zeitgeist* que peu d'esprits songent sérieusement à soumettre à critique. Un homme d'Etat pacifique et en un sens anti-impérialiste comme Gladstone est le premier à se louer de ce que « le sentiment impérial est inné en chaque Britannique ». Du côté des impérialistes déclarés, personne n'a exprimé avec plus de foi et de force que Chamberlain l'orgueil de la réussite impériale :

« En premier lieu je crois en l'Empire britannique, et en second lieu je crois en la race britannique. Je crois que la race britannique est la plus grande des races impériales que le monde ait connues. Je dis cela non comme une vaine vantardise, mais comme une chose prouvée à l'évidence par les succès que nous avons remportés en administrant les vastes possessions reliées à ces petites îles, et je crois donc qu'il n'existe pas de limite à son avenir » (1).

(1) Discours du 11 novembre 1895, Imperial Institute, Londres.

Il ne faut point toutefois se laisser abuser par ce genre de fières déclarations dont la rhétorique nationaliste est loin de représenter l'opinion dans son ensemble. Il y a en effet un danger considérable de déformation dû au fait que le camp impérialiste est celui qui dispose à la fois des voix les plus sonores et des *mass media*. Beaucoup qui restent silencieux sont à peine remués par la fièvre colonialiste. Ce que Wells a écrit au début du XXe siècle — « pour la masse du peuple anglais l'Inde et l'Egypte et tout ce côté de notre système signifient moins que zéro » — est sans doute excessif du point de vue statistique, mais représente une large part de vérité et s'applique aussi bien à l'époque de la grande vague impérialiste.

Il y a en tout cas une minorité, très consciente politiquement, qui par choix idéologique adopte un réflexe anticolonialiste : groupes socialistes de l'*Independent Labour Party* et de la S.D.F., pacifistes, représentants de la « conscience non-conformiste ». Ce sont tous ces éléments qui, au moment de la guerre du Transvaal, formeront le parti des « pro-Boers ». A côté d'eux de nombreux Anglais, dans les milieux populaires, en ville ou à la campagne, demeurent imperméables aux enthousiasmes coloniaux : soit par ignorance, soit plus simplement parce qu'ils sont entièrement absorbés par les tracas de l'existence journalière et que leur degré de politisation est faible. A leurs yeux l'Empire est loin, et ils ne s'en soucient guère.

Seulement, ce sont les partisans de la grandeur impériale qui détiennent avec les rênes du pouvoir les moyens de publicité. Aussi la musique des trompettes patriotiques résonne-t-elle si fort qu'elle couvre parfois le pays entier. On le voit bien au moment des deux jubilés de la reine Victoria.

Le premier, le « Jubilé d'or », a lieu en 1887, à l'occasion d'un demi-siècle de règne, et plus encore le second, le « Jubilé de diamant » en 1897, consacre soixante années sur le trône. Ces fêtes fastueuses prennent l'allure de grandioses célébrations nationales et impériales. Celles de 1897 en particulier, splendides de décorum, marquent une apothéose de l'Empire en même temps que de la monarchie. De tous les points du globe affluent les représentants des territoires coloniaux, souverains, hommes politiques ou soldats. Autour de la souveraine presque octogénaire sont rassemblés premiers ministres des onze *self-governing colonies*, rajahs indiens, roitelets nègres, sultans malais, chefs zoulous, sachems des réserves canadiennes. C'est un véritable festival d'uniformes brodés, de pierreries, de turbans, de boubous, de soieries. Tout cet exotisme, soigneusement cultivé et mis en relief, sert à fouetter l'orgueil national. Au lieu d'une abstraction, l'Empire est devenu une réalité tangible, colorée, parlant à l'imagination. Dans les rues de Londres on contemple avec admiration les soldats venus du monde entier, les valeureux sikhs de l'armée des Indes, les tirailleurs zoulous, les hussards canadiens. Lors de la grande procession royale qui traverse la capitale, une foule évaluée à plusieurs millions de personnes s'écrase sur le parcours au milieu des *Union Jacks* brandis de partout, tandis que retentissent les chants patriotiques — *Rule Britannia* et *Hearts of Oak* — et les airs de music-hall — *Soldiers of the Queen* et *Sons of the Sea*.

C'est en l'honneur de ces fêtes que Kipling écrit son grand *Recessional* au souffle biblique qui célèbre majestueusement la grandeur impériale. Cependant chez lui en même temps que l'exaltation d'un hautain patriotisme on trouve une mise en garde contre l'ivresse de la puissance et le danger de la satisfaction de soi (lui-même abomine ceux qu'il appelle « les imbéciles vêtus de flanelle que n'effleure jamais le doute »). C'est pourquoi, en invoquant le « Dieu de nos pères », Kipling l'implore de ne pas abandonner son peuple :

« Sous ta main redoutable nous dominons palmes et sapins
Seigneur Dieu des Armées, reste avec nous,
De peur que nous n'oubliions, de peur que nous n'oubliions... »

Et le poème se termine par un retour sur soi et un élan de repentir :

« A cause de tant de jactance inconsidérée,
A cause de tant et tant de paroles vaines,
Pardon pour ton peuple, Seigneur ! »

Une fois de plus, comme à chaque étape de son existence, l'Angleterre victorienne reste fidèle — et elle le reste jusqu'au bout — à l'alliance de la Bible et de la volonté de puissance. L'orgueil de la force et de la réussite s'y marie avec les tourments d'inquiétude de la conscience.

II. — La carte du monde « peinte en rouge »

Sur les atlas victoriens la coutume était de représenter en rouge les territoires sur lesquels flottait le drapeau britannique. On s'enorgueillissait de relever sur les cartes les progrès d'année en année de ces belles taches écarlates (menacées parfois il est vrai par les zones toutes proches de couleur verte symbolisant les colonies françaises). Dès l'école primaire les Anglais s'habituaient à voir le monde pour une bonne part « peint en rouge ».

Au sein de l'Empire, c'est l'Inde qui occupe toujours la place privilégiée : 300 millions de sujets, un territoire plus vaste que l'Empire romain à son apogée, une multitude de peuples et de langues, près du cinquième des investissements extérieurs de la Grande-Bretagne, il y a là de quoi parler à l'imagination autant qu'au portefeuille. Depuis 1876, Victoria porte le titre d'impératrice des Indes à la suite d'un geste théâtral de Disraëli qui a voulu ajouter au prestige de la souveraine en lui faisant prendre la succession de l'Empire des Mogols. Constamment les Anglais s'emploient à renforcer le glacis de leur Empire indien : vers l'Afghanistan, la Birmanie, la Perse et même le Tibet. A l'intérieur du pays, depuis l'écrasement de la révolte des cipayes (1857-1859), l'œuvre anglaise est surtout une œuvre de consolidation, mais il arrive que la volonté de modernisation cherche à précipiter l'évolution comme sous la férule hautaine de Lord Curzon au tournant du siècle. Cependant le développement économique, très réel, au lieu d'élever le niveau de vie, se combine avec une paupérisation indigène, et un mouvement national indien commence à se dresser contre le *Raj* : en 1885 est fondé le Congrès national indien. Vers le Sud-Est asiatique, la domination anglaise s'étend en Malaisie et à Bornéo, tandis qu'à travers le Pacifique les Britanniques installent des bases dans des kyrielles d'îles et d'archipels.

Dans les territoires de peuplement blanc la politique originale d'autonomie inaugurée au Canada se précise et s'étend. Premier pays à être constitué en Dominion (1867), le Canada évolue selon un régime politique directement imité de Westminster : parlementarisme, bipartisme, alternance au gouvernement des libéraux et des conservateurs. En Australie le *self-government* a été reconnu entre 1850 et 1859 à cinq des six colonies (dont l'une porte le nom de Victoria). Vers la fin du siècle leurs intérêts communs les poussent à se rapprocher : d'où la constitution en 1901 d'un Etat fédéral comme au Canada, le *Commonwealth of Australia*, selon l'orgueilleuse formule « un continent, une nation ». Le nouveau Dominion donne l'exemple, de même que la Nouvelle-Zélande, d'une démocratie sociale avancée très jalouse de son indépendance.

Cependant le grand essor dans le dernier quart du siècle se situe en Afrique. C'est là que le rouge progresse le plus sur les cartes. L'expansion britannique s'effectue aux quatre points cardinaux du continent : au nord, c'est la mainmise sur l'Egypte, avec l'achat en 1875 des actions du khédive dans la Compagnie du Canal de Suez, puis l'occupation militaire et administrative en 1882, politique suivie par la conquête du Soudan réalisée en 1898. A l'ouest où la rivalité anglo-française n'est pas moins vive, une série de guerres menées contre les Ashantis entre 1873 et 1901 aboutissent à l'organisation de la colonie de la Côte-de-l'Or ; en même temps l'Angleterre soumet à son autorité les pays du bas Niger : de Lagos (1861) au Soudan (1899-1903) se constitue la Nigeria. En Afrique orientale la concurrence vient cette fois des Allemands : Zanzibar sert de base de pénétration vers l' « Afrique orientale britannique », c'est-à-dire vers le Kenya et vers l'Ouganda (1886-1894), et de leur côté les missionnaires s'installent au Nyassaland. Enfin, en Afrique du Sud, les colonies britanniques du Cap et du Natal se heurtent dans leur expansionnisme à la résistance des deux républiques boers du Transvaal et de l'Orange. Celles-ci sont complètement encerclées par la conquête du pays des Zoulous (1879), puis par l'annexion du Bechouanaland (1885), enfin par l'installation de 1887 à 1893 sous l'impulsion de Cecil Rhodes sur les riches plateaux des Matabélés — territoire devenu la Rhodésie. La découverte de mines d'or au Transvaal aiguise les appétits du Cap et de Londres, tandis que l'immigration britannique dans la région minière du Rand conduit à d'incessantes frictions entre les *Uitlanders* et le gouvernement boer. Finalement la question est tranchée par la force : c'est la guerre des Boers de 1899 à 1902. Après d'humiliants revers britanniques au début, le conflit se termine par l'écrasement des armées républicaines et l'annexion de l'Orange et du Transvaal.

Mais, en accentuant l'isolement moral de la Grande-Bretagne, la guerre des Boers a souligné son isolement diplomatique. Car en dépit d'une réussite coloniale impressionnante la situation de l'Angleterre dans le monde est de moins en moins aisée à maintenir. Plutôt que « splendide » l'isolement apparaît désormais inconfortable. Dans le dernier quart du XIXe siècle la politique du *Foreign Office* était restée conforme aux grands impératifs traditionnels depuis 1815 : la liberté d'action du pays, c'est-à-dire la possibilité d'intervenir partout sans jamais s'engager avec quiconque par traité *(non-commitment)*, le maintien de la sécurité impériale par le contrôle des grands axes stratégiques mondiaux, la liberté du commerce et des échanges. Mais l'équilibre européen est maintenant plus complexe du fait de ses liens croissants avec l'équilibre colonial et surtout depuis qu'en 1870 l'axe du continent s'est déplacé au profit de la *Mitteleuropa* (le continent, a-t-on dit, a perdu une maîtresse pour trouver un maître). Par une diplomatie subtile l'Angleterre s'est efforcée de favoriser tous les contre-poids de nature à faire échec à un danger éventuel de prépondérance : ainsi contre la Russie au cours de la crise d'Orient en 1875-1878 ou contre la France par l' « accord méditerranéen » de 1887 qui vise à maintenir le *statu quo* dans une zone jugée vitale pour les intérêts britanniques.

Au cours des années 1890, les affrontements entre puissances se sont détournés vers l'outre-mer. Cette rivalité des impérialismes provoque de nouveaux conflits très vifs avec la France et avec la Russie. Mais au moment même où à Fachoda le lion britannique l'emporte sur le coq gaulois, une menace singulièrement plus dangereuse surgit : celle de la puissance navale allemande que Guillaume II commence à construire patiemment à partir de 1898. Du coup les diverses ébauches de rapprochement anglo-allemand, conçues dans la perspective d'une grande alliance des peuples germaniques et anglo-saxons, sont abandonnées, cependant que les difficultés rencontrées lors de la guerre des Boers achèvent de montrer au gouvernement de Londres les risques d'une prolongation irraisonnée du « splendide isolement ». Une révision déchirante de la politique étrangère britannique s'impose. C'est elle qui va conduire à l'Entente cordiale, puis à la Triple Entente. L'ère de la diplomatie victorienne est bel et bien terminée.

CONCLUSION

« LA FIN D'UNE ÉPOQUE »

L'ère victorienne s'achève en même temps que le XIXe siècle. Dans les premiers jours du nouveau siècle la presse britannique annonce brusquement que la santé de la reine, âgée de 81 ans, exige un repos absolu. Le 22 janvier 1901, dans la nuit qui venait de tomber sur le château silencieux d'Osborne, en présence de ses deux fils, le prince de Galles et le duc de Connaught, de ses trois filles, la princesse de Schlesvig-Holstein, la duchesse d'Argyll et la princesse de Battenberg, de son petit-fils le *Kaiser* d'Allemagne, tandis qu'un évêque récitait les dernières prières, Victoria Ire, reine de Grande-Bretagne et d'Irlande, des Colonies et Dépendances d'Europe, d'Asie, d'Afrique, d'Amérique et d'Australasie, impératrice des Indes, défenseur de la Foi, rendait le dernier soupir, au terme du règne le plus long et le plus glorieux de l'histoire d'Angleterre. Aussitôt, à Londres, le gros bourdon de la cathédrale Saint-Paul se mettait à sonner le glas pour annoncer la mort de la souveraine. Le 2 février au milieu d'une énorme affluence le cercueil de Victoria traverse la capitale. La foule en deuil se presse sur le passage du cortège funèbre.

Dans tout le pays l'émotion est considérable. La reine était sur le trône depuis tant d'années que la majorité de ses sujets n'a connu que la figure familière de la souveraine, vénérée à force d'être proposée par tous les *media* à l'admiration publique. « Bonne personne, pleine de dignité, mais plutôt commune », note un esprit rassis qui garde la tête froide et l'esprit critique dans le climat général d'hyperbole, Victoria était « d'esprit étroit dans sa conception des choses, sans goût artistique ni littéraire », certes « dotée d'une certaine capacité pour traiter les affaires politiques », mais surtout ajoute-t-il, « l'opinion a pris l'habitude de voir en cette vieille dame une sorte de fétiche ou d'idole » (1). Jugement à coup sûr lucide ; cependant chez beaucoup la démesure dans le dithyrambe dépasse toute limite. « La nouvelle frappe de stupeur le cœur et l'esprit », écrit au lendemain de la mort de la reine un estimable professeur d'histoire d'Oxford, « la pierre d'angle de notre existence nationale et impériale — que dis-je, de notre vie personnelle et familiale, a soudain disparu. Nous ne pouvons encore en mesurer la signification... » et il se demande ce que va devenir le pays privé de cette « personnalité auguste, vénérée et bien-aimée » (2).

Dans le monde Victoria avait fini par se transformer en une figure immuable et hiératique, symbolisant la permanence de la vieille Europe autant que celle de la Grande-Bretagne. Elle était la grand-mère de l'empereur d'Allemagne Guillaume II et de l'impératrice de Russie. Sous son règne, trois monarques s'étaient succédé sur le trône d'Italie, quatre sur le trône d'Espagne, tandis qu'en France s'étaient effondrées deux dynasties et une république. En Angleterre même le règne avait duré si longtemps qu'on ne savait plus au juste les règles à

(1) W. S. BLUNT, *My Diaries, 1888-1914*, 1920, t. II, p. 2.
(2) J. A. R. MARRIOTT, *Modern England 1885-1945*, 3ᵉ éd., 1946, p. 150.

suivre pour l'installation d'un nouveau souverain, et l'usage du mot « roi » apparaît soudain comme une nouveauté.

Par-delà le changement de personne monarchique, de grandes transformations affectant en profondeur le Royaume-Uni se produisent dans les mois qui précèdent ou qui suivent la mort de Victoria. En 1900 ç'a été la naissance de fait du parti travailliste. Entre 1902 et 1904, c'est la fin, avec le traité anglo-japonais, puis avec l'Entente cordiale, du « splendide isolement ». En 1903 est créée l'Union politique et sociale des femmes, d'où vont surgir les suffragettes — un mouvement fort peu victorien. En Irlande apparaissent de nouvelles organisations nationalistes qui n'arrêteront leur intransigeant combat qu'une fois obtenue l'indépendance totale. De tout côté on assiste au difficile enfantement du XXe siècle. A vrai dire tous ces conflits étaient déjà en gestation durant les vingt dernières années du siècle : on les a vus mûrir tout au long de la période *late-Victorian*. Mais maintenant ils font irruption avec une telle violence que les Britanniques déconcertés voient là la fin d'un monde.

C'est que l'ère victorienne, en fin de compte, a représenté pour eux une rencontre unique de chances historiques. En une soixantaine d'années se sont trouvés réunis d'une manière exceptionnelle une série de facteurs favorables dont la synthèse a assuré au pays une puissance incontestée, une extraordinaire confiance en soi, un prestige national qui ne se retrouveront pas. Cet ensemble de chances s'appelle la primauté technique, la prééminence industrielle, financière et commerciale, la stabilité politique et institutionnelle, la paix civile et la paix extérieure, la supériorité maritime — celle de la marine de guerre comme de la marine de commerce —, les ressources d'un Empire immense, l'optimisme d'une nation en plein dynamisme. Il est évident qu'une réunion de chances aussi éclatantes ne pouvait durer. Déjà à la fin de l'ère victorienne on avait vu apparaître les premiers ébranlements. L'univers des certitudes avait commencé à se fissurer. De là les appréhensions à l'idée d'entrer dans une nouvelle ère, hasardeuse et précaire.

Ce sentiment d'un monde qui se clôt avec la mort de Victoria, on peut toutefois se demander s'il n'est pas un produit de l'imagination des historiens qui auraient abusivement projeté de manière rétrospective sur cet événement dynastique toutes les difficultés, encore à venir, de l'Angleterre du XXe siècle, les crises, les guerres, le déclin de la puissance dans le monde. Sans aucun doute la question mérite d'être posée, d'autant plus qu'en histoire — et dans l'histoire de l'Angleterre tout particulièrement — la continuité l'emporte en général sur la discontinuité. Mais les contemporains ont bien eu eux aussi l'impression d'une page qui se tournait, et ce n'est pas la simple éloquence de la chaire qui emportait le prédicateur de Saint-Paul lorsque, au cours du service funèbre à la mémoire de la reine Victoria, il s'écriait (1) : « Elle a disparu et avec elle disparaît une époque. La période glorieuse que symbolisait son nom se referme comme un parchemin que l'on roule... Le monde que nous avons connu se dissout. Devant nous s'étend l'inconnu. »

(1) H. Scott Holland, *Personal Studies*, 1905, p. 12.

BIBLIOGRAPHIE

Etant donné la rareté des travaux français sur l'histoire britannique, la plupart des ouvrages cités sont en anglais.

Sur l'*histoire générale de l'Angleterre au dix-neuvième siècle*, en français le grand livre classique (mais partiel) reste E. Halévy, *Histoire du peuple anglais au XIXe siècle*, t. I-IV (1815-1852), et Epilogue, t. I-II (1895-1914), Paris, 1913-1946. Mise au point récente dans F. Bédarida, *L'Angleterre triomphante, 1832-1914*, Paris, 1974. *Le siècle de Victoria* (Paris, 1947) de J. Chastenet est amusant et léger.

Recueils de documents : F. Bédarida, *L'Angleterre victorienne*, Paris, 1978 (« Dossiers d'histoire Hatier ») ; R. Marx, *Naissance et triomphe de la démocratie britannique, 1815-1918* (« Dossiers Clio »), Paris, 1973. Parmi les témoignages de visiteurs français, les plus remarquables sont ceux de Tocqueville, Voyages en Angleterre, Irlande..., in *Œuvres complètes*, t. V, 2, Paris, 1958 ; G. de Beaumont, *L'Irlande sociale, politique et religieuse*, Paris, 1839 ; Flora Tristan, *Promenades dans Londres* (1842), édit. critique F. Bédarida, Paris, 1978 ; H. Taine, *Notes sur l'Angleterre*, Paris, 1872.

En anglais, dans la collection « Oxford History of England », deux volumes approfondis, mais anciens : E. L. Woodward, *The Age of Reform 1815-1870*, Oxford, 1962, et R. C. K. Ensor, *England 1870-1914*, Oxford, 1936. On recommandera : A. Briggs, *The Age of Improvement*, Londres, 3e éd., 1979, et M. Bentley, *Politics without Democracy 1815-1914*, Londres, 1984, auxquels on peut ajouter N. Gash, *Aristocracy and People : Britain 1815-1865*, Londres, 1979, et E. J. Feuchtwanger, *Democracy and Empire : Britain 1865-1914*, Londres, 1985, ainsi que L. C. B. Seaman, *Victorian England 1837-1901*, Londres, 1973, et C. J. Bartlett, ed., *Britain Pre-Eminent*, Londres, 1969.

Sur l'*économie et la société victoriennes*, F. Crouzet, *L'économie de la Grande-Bretagne victorienne*, Paris, 1978 ; F. Bédarida, *La société anglaise du milieu du XIXe siècle à nos jours*, Paris, 1990 ; M. Charlot et R. Marx, *La société victorienne*, Paris, 1978 ; E. Hobsbawm, *Histoire économique et sociale de la Grande-Bretagne*, t. II : *De la révolution industrielle à nos jours*, Paris, 1977 (trad. de *Industry and Empire*, Londres, 1968). En anglais, un ouvrage remarquable, F. M. L. Thompson, *The Rise of Respectable Society : A Social History of Victorian Britain 1830-1900*, Londres, 1988, et une excellente initiation, C. More, *The Industrial Age : Economy and Society in Britain 1750-1985*, Londres, 1989 ; brillant tableau dans G. M. Young, *Early Victorian England*, 2 vol., Londres, 1934, et *Portrait of an Age*, Londres, 2e éd., 1953. Etudes très suggestives de A. Briggs, *Victorian People*, Londres, 1954, et *Victorian Cities*, Londres, 1963, ainsi que de J. F. C. Harrison, *The Early Victorians 1832-1851*, Londres, 1971, et G. Best, *Mid-Victorian Britain 1851-1875*, Londres, 1971 ; également, G. Kitson Clark, *The Making of*

Victorian England, Londres, 1962 ; H. J. Dyos et M. Wolff, ed., *The Victorian City*, 2 vol., Londres, 1973 ; G. E. Mingay, *The Transformation of Britain 1830-1939*, Londres, 1986. Sur le mouvement ouvrier, en français, H. Pelling, *Histoire du syndicalisme britannique*, trad. franç., Paris, 1966 ; F. Bédarida, Le socialisme en Angleterre des origines à 1914, *in* J. Droz *et al.*, *Histoire générale du Socialisme*, t. I-II, Paris, 1972-1974.

Sur *la religion, les idées, la vie littéraire et artistique*, deux intéressantes synthèses : *Ideas and Beliefs of the Victorians* (B.B.C. Talks), Londres, 1949, et W. E. Houghton, *The Victorian Frame of Mind*, Yale, New Haven, 1957. La vie religieuse est traitée en détail par O. Chadwick, *The Victorian Church*, 2 vol., Londres, 1966-1970, et par A. D. Gilbert, *Religion and Society in Industrial England*, Londres, 1976 ; E. R. Norman, *Church and Society in England 1770-1970*, Londres, 1976 ; I. Sellers, *Nineteenth-Century Nonconformity*, Londres, 1977. Voir aussi G. Parsons, *Religion in Victorian Britain*, Manchester, 4 vol., 1989. En français, trois ouvrages de la collection « U2 » : M. Simon, *L'anglicanisme* (1969) ; S. Dayras et C. d'Haussy, *Le catholicisme en Angleterre* (1970) ; C. J. Bertrand, *Le méthodisme* (1971) ; ainsi que R. Marx, *Religion et société en Angleterre du XVIe siècle à nos jours*, Paris, 1978. Sur la littérature et l'art, *Pelican Guide to English Literature* (éd. B. Ford), vol. 6 : *From Dickens to Hardy*, Londres, 1958 ; S. Monod, *Histoire de la littérature anglaise de Victoria à Elizabeth II*, Paris, 1970 ; T. S. R. Boase, *English Art 1800-1870*, Oxford, 1959 ; R. Furneaux-Jordan, *Victorian Architecture*, Londres, 1966.

Biographies : sur la reine Victoria, E. Longford, *Victoria R. I.*, Londres, 1964, trad. franç., Paris, 1966, et D. Marshall, *The life and times of Victoria*, Londres, 1972. Sur Disraëli, R. Blake, *Disraeli*, Londres, 1966. Sur Gladstone, P. Magnus, *Gladstone*, Londres, 1954. Citons également N. Gash, *Peel*, Londres, 1976 ; J. Ridley, *Lord Palmerston*, Londres, 1970 ; D. Judd, *Radical Joe* (sur Chamberlain), Londres, 1977.

Sur l'*Empire britannique*, P. Knaplund, *The British Empire 1815-1939*, New York, 1942 ; H. Grimal, *De l'Empire britannique au Commonwealth*, Paris, 1971 (coll. « U2 ») ; R. Robinson, J. Gallagher, A. Denny, *Africa and the Victorians*, Londres, 1961. Ouvrages plus récents : R. Hyam, *Britain's Imperial Century 1815-1914*, Londres, 1976 ; B. Porter, *The Lion's Share*, Londres, 1973 ; G. Bolton, *Britain's Legacy Overseas*, Oxford, 1973 ; G. C. Eldridge, *Victorian Imperialism*, Londres, 1978.

Instruments de travail : L. M. Brown et I. R. Christie, *Bibliography of British History 1789-1851*, Londres, 1977 ; H. J. Hanham, *Bibliography of British History 1851-1914*, Londres, 1976 ; L. Madden, *How to find out about the Victorian period*, Oxford, 1970 (introduction aux sources) ; C. Cook et B. Keith, *British Historical Fact, 1830-1900*, Londres, 1975 (très utile répertoire). Non moins utile l'encyclopédie de Sally Mitchell, ed., *Victorian Britain*, New York, 1988.

Signalons aussi l'importante revue *Victorian Studies*, publiée à Bloomington, Indiana, depuis 1957.

TABLE DES MATIÈRES

Imprimé en France
Imprimerie des Presses Universitaires de France
73, avenue Ronsard, 41100 Vendôme
Décembre 1993 — N° 39 493